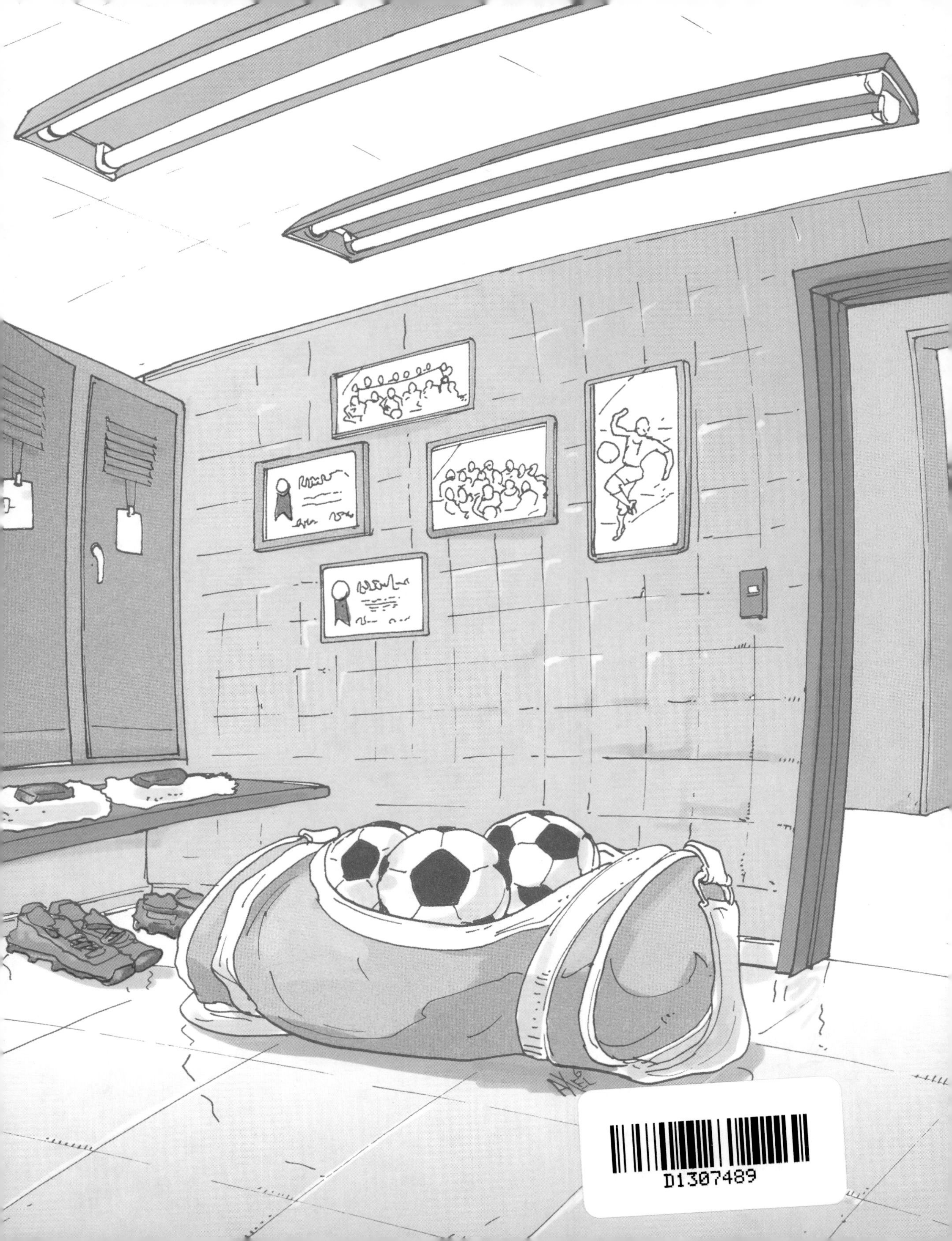

Dirección
SAYRI KARP

Coordinación editorial
TOÑIMEX Y JOSEL

Diseño
VÍCTHOR CHÁVEZ Y JOSEL

Guiones
© 2006, JOSÉ ANTONIO MÁRQUEZ MICHEL "TOÑIMEX", FRANCISCO VÁZQUEZ MENDOZA, MARCO AURELIO LARIOS, ÓSCAR JOAQUÍN TAGLE MAGAÑA, ENRIQUE BLANC ROJAS, CARMEN VILLORO RUIZ

Monos
© 2006, RICARDO SALVADOR GODOY AHUMADA "GODOY", SALVADOR DEL TORO VALERO "CHAVO", SERGIO AXEL MEDELLÍN MACHAIN "AXEL", JOSÉ LUIS GARCÍA VALADEZ "JOSEL", ORLANDO TONATIUH LÓPEZ MARTINEZ "ORLANDOTO", JORGE ALBERTO FREGOSO GAFFORD "COQS", JOSÉ TRINIDAD CAMACHO OROZCO "TRINO", ADOLFO CAMPOS MERINO "ADOLFO", SALVADOR RODRÍGUEZ HERNÁNDEZ "ERASMO", JESÚS SALVADOR PEÑA LÓPEZ "JESPE", EDGARDO CASILLAS CALLEJA "YAZZ"

PUBLISHED 2007 BY MENDOZA PUBLISHING GROUP
CHICAGO, ILLINOIS 60611

ISBN 10: 0978854918
ISBN 13: 9780978854911

PRINTED IN THE UNITED STATES OF AMERICA

11 10 09 08 07 1 2 3 4 5

Agradecimientos
ANTONIO CARBAJAL RODRÍGUEZ Y A TODO EL PERSONAL DE LA EDITORIAL UNIVERSITARIA DE LA UNIVERSIDAD DE GUADALAJARA

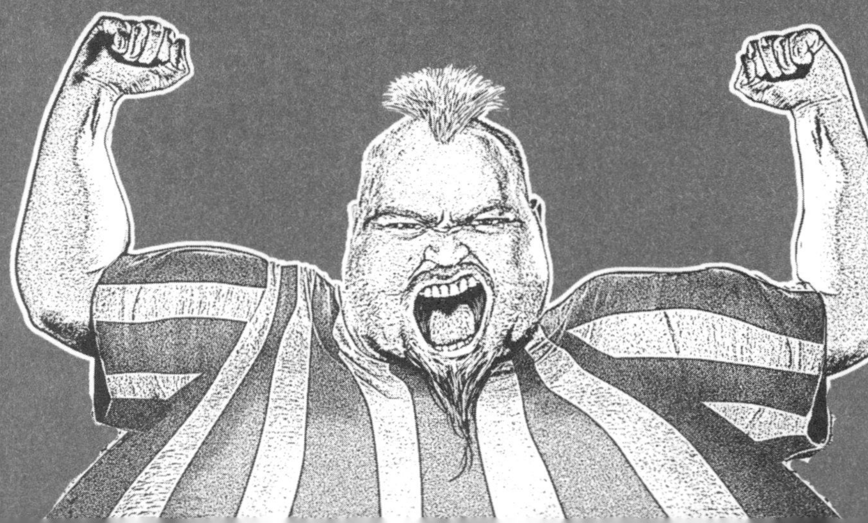

SAQUE DE META

TRAZOS, PATADAS Y BALONAZOS

mendoza
PUBLISHING GROUP

ALINEACIÓN

Salimos jugando con pelota dominada

Cortar avance del contrario

Pasa la pelota, pero NO el jugador

Todos atacan y todos defienden

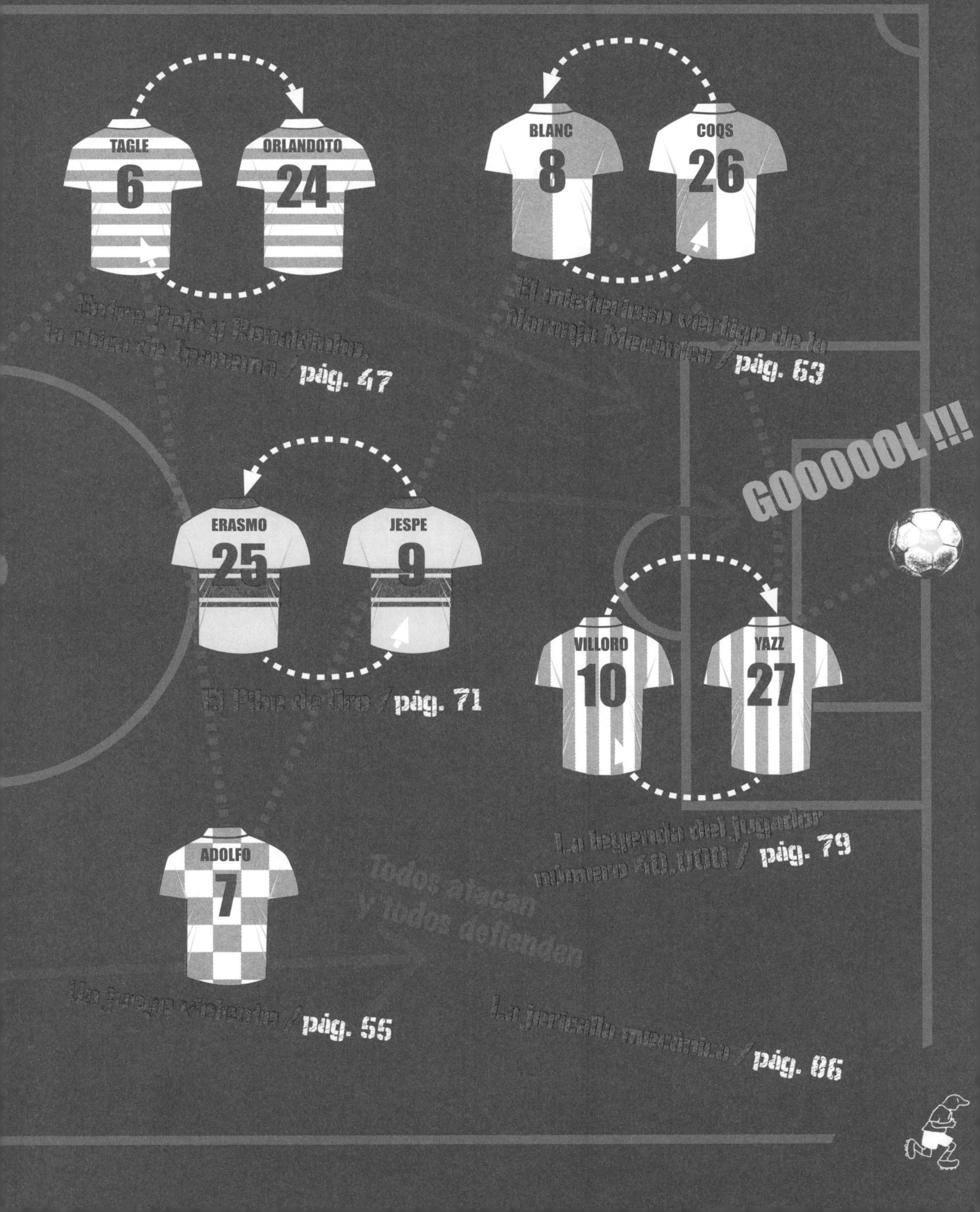

TAGLE 6
ORLANDOTO 24
BLANC 8
COQS 26
ERASMO 25
JESPE 9
VILLORO 10
YAZZ 27
ADOLFO 7
GOOOOOL !!!

¿DÓNDE DEBUTÓ ANTONIO CARBAJAL COMO PORTERO DE LA SELECCIÓN MEXICANA?

Juegos Olímpicos de Londres en 1948

EL CINCO COPAS

TEXTO: TOÑIMEX   ILUSTRACIÓN: GODOY

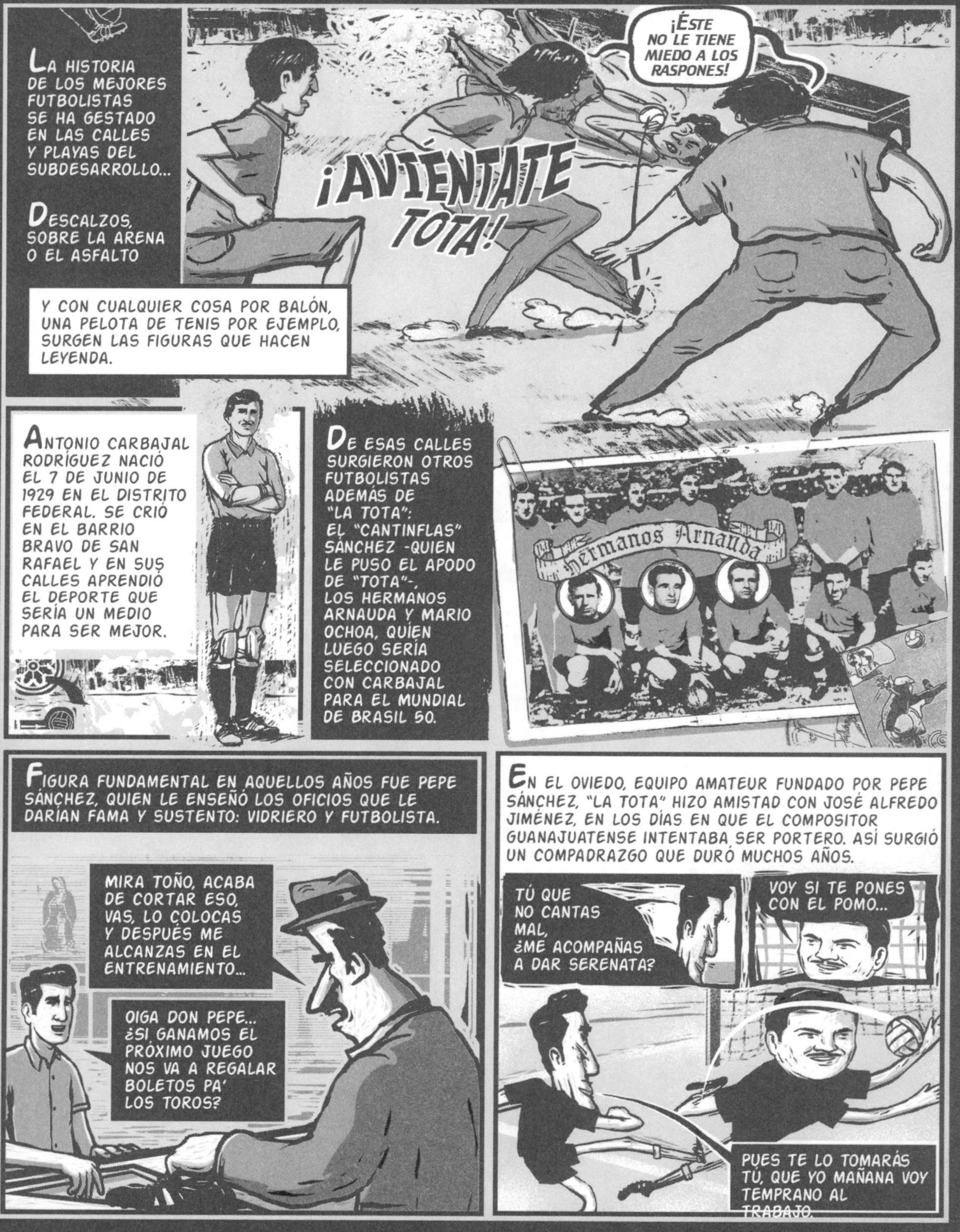
LA HISTORIA DE LOS MEJORES FUTBOLISTAS SE HA GESTADO EN LAS CALLES Y PLAYAS DEL SUBDESARROLLO...
DESCALZOS, SOBRE LA ARENA O EL ASFALTO
¡ÉSTE NO LE TIENE MIEDO A LOS RASPONES!
¡AVIÉNTATE TOTA!
Y CON CUALQUIER COSA POR BALÓN, UNA PELOTA DE TENIS POR EJEMPLO, SURGEN LAS FIGURAS QUE HACEN LEYENDA.
ANTONIO CARBAJAL RODRÍGUEZ NACIÓ EL 7 DE JUNIO DE 1929 EN EL DISTRITO FEDERAL. SE CRIÓ EN EL BARRIO BRAVO DE SAN RAFAEL Y EN SUS CALLES APRENDIÓ EL DEPORTE QUE SERÍA UN MEDIO PARA SER MEJOR.
DE ESAS CALLES SURGIERON OTROS FUTBOLISTAS ADEMÁS DE "LA TOTA": EL "CANTINFLAS" SÁNCHEZ -QUIEN LE PUSO EL APODO DE "TOTA"-, LOS HERMANOS ARNAUDA Y MARIO OCHOA, QUIEN LUEGO SERÍA SELECCIONADO CON CARBAJAL PARA EL MUNDIAL DE BRASIL 50.
Hermanos Arnauda
FIGURA FUNDAMENTAL EN AQUELLOS AÑOS FUE PEPE SÁNCHEZ, QUIEN LE ENSEÑÓ LOS OFICIOS QUE LE DARÍAN FAMA Y SUSTENTO: VIDRIERO Y FUTBOLISTA.
MIRA TOÑO, ACABA DE CORTAR ESO, VAS, LO COLOCAS Y DESPUÉS ME ALCANZAS EN EL ENTRENAMIENTO...
OIGA DON PEPE... ¿SI GANAMOS EL PRÓXIMO JUEGO NOS VA A REGALAR BOLETOS PA' LOS TOROS?
EN EL OVIEDO, EQUIPO AMATEUR FUNDADO POR PEPE SÁNCHEZ, "LA TOTA" HIZO AMISTAD CON JOSÉ ALFREDO JIMÉNEZ, EN LOS DÍAS EN QUE EL COMPOSITOR GUANAJUATENSE INTENTABA SER PORTERO. ASÍ SURGIÓ UN COMPADRAZGO QUE DURÓ MUCHOS AÑOS.
TÚ QUE NO CANTAS MAL, ¿ME ACOMPAÑAS A DAR SERENATA?
VOY SI TE PONES CON EL POMO...
PUES TE LO TOMARÁS TÚ, QUE YO MAÑANA VOY TEMPRANO AL TRABAJO.

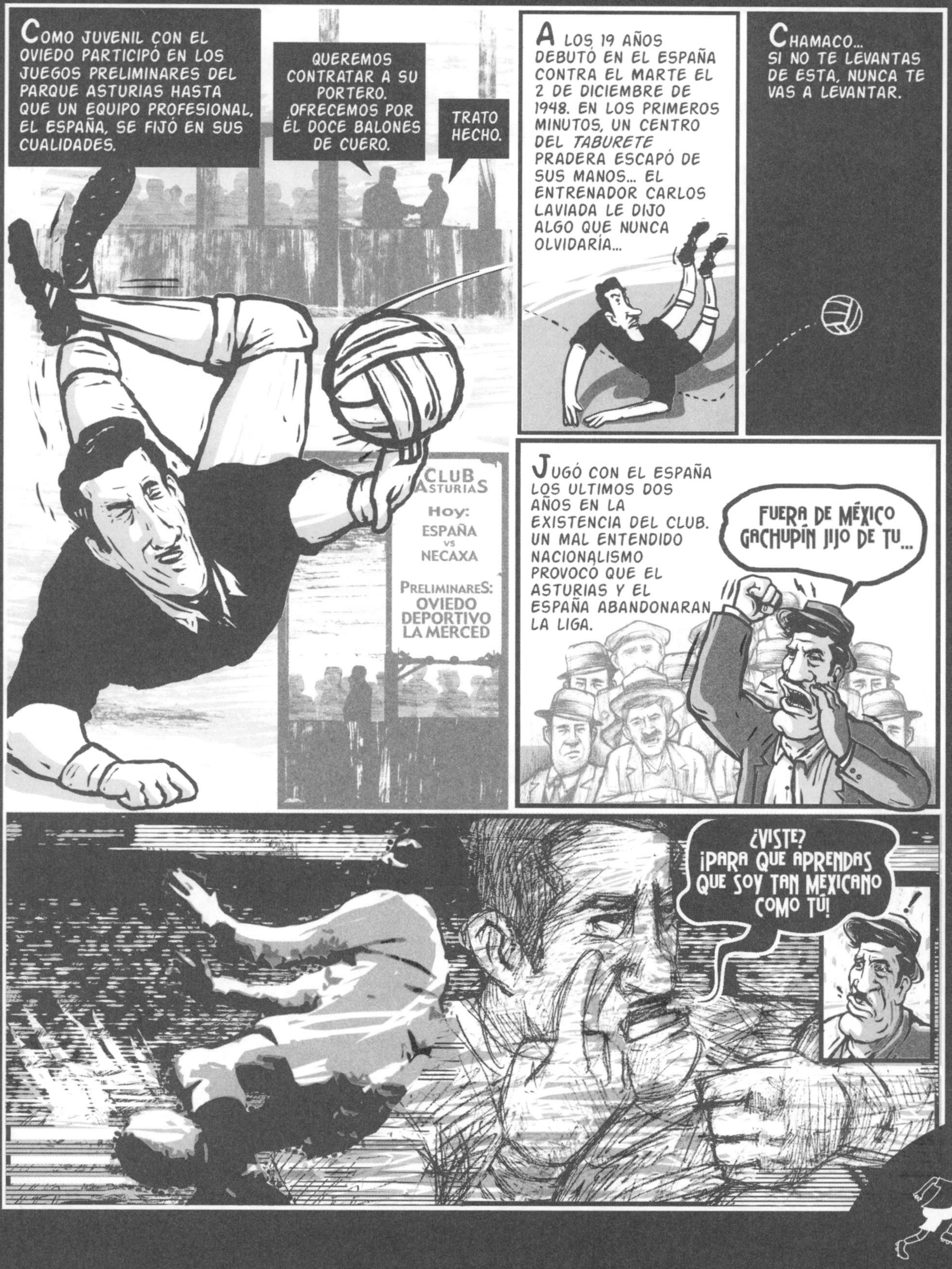
Como juvenil con el Oviedo participó en los juegos preliminares del Parque Asturias hasta que un equipo profesional, el España, se fijó en sus cualidades.
Queremos contratar a su portero. Ofrecemos por él doce balones de cuero.
Trato hecho.
Club Asturias
Hoy:
España vs Necaxa
Preliminares:
Oviedo
Deportivo
La Merced
A los 19 años debutó en el España contra el Marte el 2 de diciembre de 1948. En los primeros minutos, un centro del *Taburete* Pradera escapó de sus manos... El entrenador Carlos Laviada le dijo algo que nunca olvidaría...
Chamaco... si no te levantas de esta, nunca te vas a levantar.
Jugó con el España los ultimos dos años en la existencia del club. Un mal entendido nacionalismo provocó que el Asturias y el España abandonaran la liga.
Fuera de México gachupín jijo de tu...
¿Viste? ¡Para que aprendas que soy tan mexicano como tú!
!

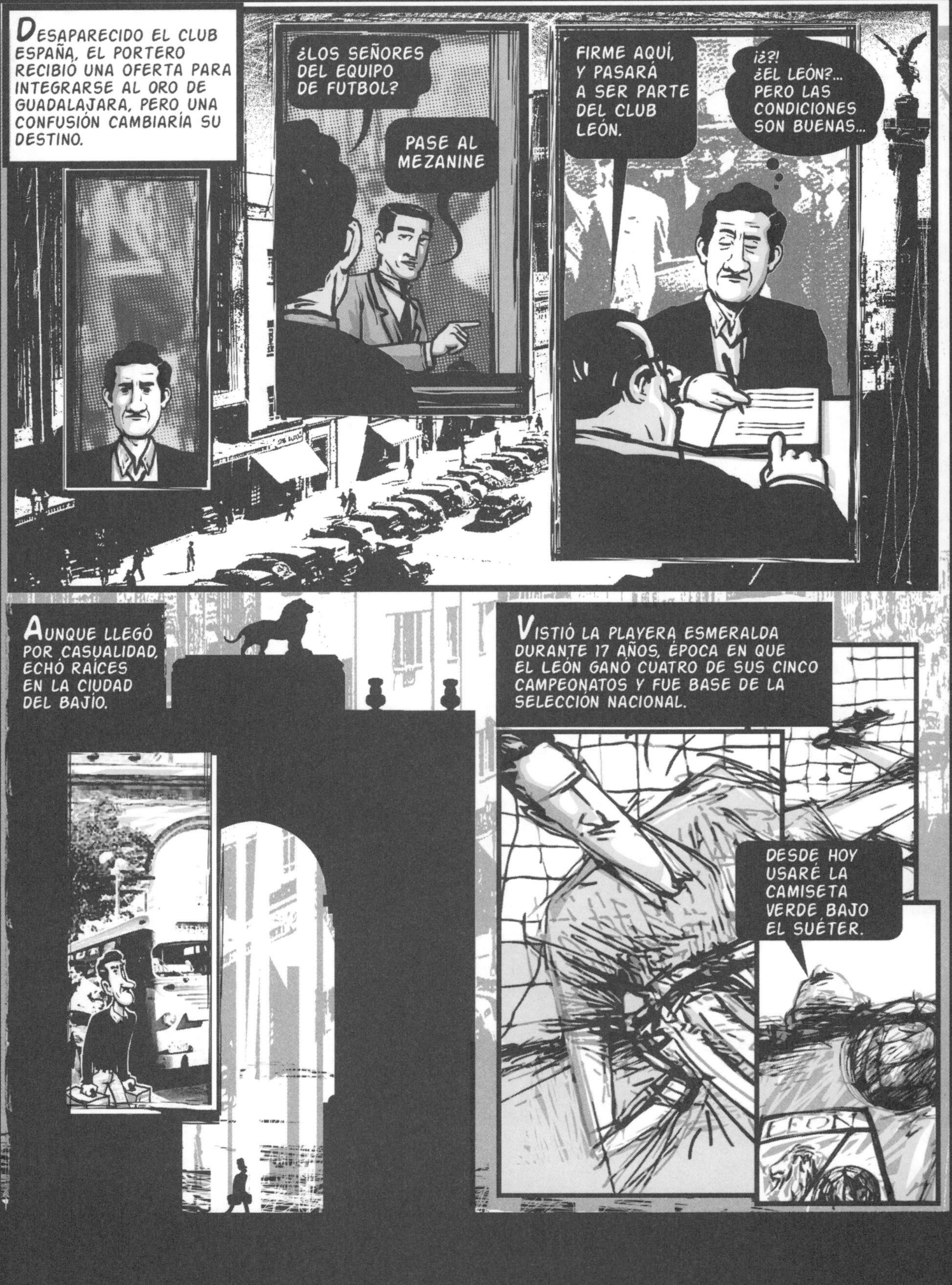
Desaparecido el Club España, el portero recibió una oferta para integrarse al Oro de Guadalajara, pero una confusión cambiaría su destino.
¿Los señores del equipo de futbol?
Pase al mezanine
Firme aquí, y pasará a ser parte del Club León.
¡¿?! ¿El León?... pero las condiciones son buenas...
Aunque llegó por casualidad, echó raíces en la ciudad del Bajío.
Vistió la playera esmeralda durante 17 años, época en que el León ganó cuatro de sus cinco campeonatos y fue base de la Selección Nacional.
Desde hoy usaré la camiseta verde bajo el suéter.
LEÓN

A LOS 21 AÑOS ASISTIÓ AL PRIMERO DE SUS CINCO CAMPEONATOS MUNDIALES Y DEBUTÓ ENFRENTANDO AL PAÍS ANFITRIÓN EN BRASIL 50.

FUE SELECCIONADO NACIONAL DURANTE 16 AÑOS, JUGÓ 12 PARTIDOS EN MUNDIALES Y RECIBIÓ 25 GOLES. EL FUTBOL MEXICANO ERA MUY INFERIOR AL DE EUROPA O SUDAMÉRICA, HUBO QUE IR A CINCO MUNDIALES PARA LOGRAR EL PRIMER EMPATE (1-1 CONTRA GALES) EN SUECIA 58.

DESTACÓ EN UNA ÉPOCA EN QUE LOS FUTBOLISTAS NO GANABAN DINERALES Y CUANDO EL JUEGO ESTABA POR ENCIMA DE LA MERCADOTECNIA. FUERON TAMBIÉN DÍAS DE CARENCIAS. AL MUNDIAL DE BRASIL 50 MÉXICO LLEVÓ SÓLO UN UNIFORME. CONTRA SUIZA UTILIZARON EL QUE LES PRESTÓ EL GREMIO DE PORTOALEGRE.

MUCHACHOS, LA CAMISETA GUINDA SE CONFUNDE CON LA DEL EQUIPO CONTRARIO... TENDREMOS QUE USAR ÉSTAS.

¡PUES ESTÁN MEJORES QUE LAS NUESTRAS!

T ODO PUNDONOR Y ENTREGA, EL PORTERO DE LA SELECCIÓN PRONTO TUVO SEGUIDORES EN TODAS LAS PLAZAS DEL PAÍS. AUNQUE NO SE PROPUSO SER EL PRIMERO EN IR A CINCO MUNDIALES, LO CONSIGUIÓ EN INGLATERRA 66.

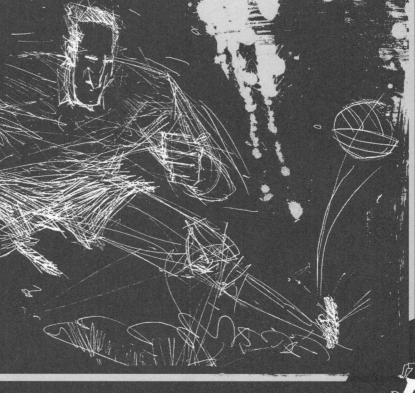

E L ESTADIO DE WEMBLEY, CATEDRAL MUNDIAL DEL FUTBOL, FUE MARCO IDÓNEO PARA SU RETIRO COMO JUGADOR ACTIVO. ESE 19 DE JULIO DE 1966, CONTRA URUGUAY, NO PERMITIÓ GOLES EN SU CABAÑA.

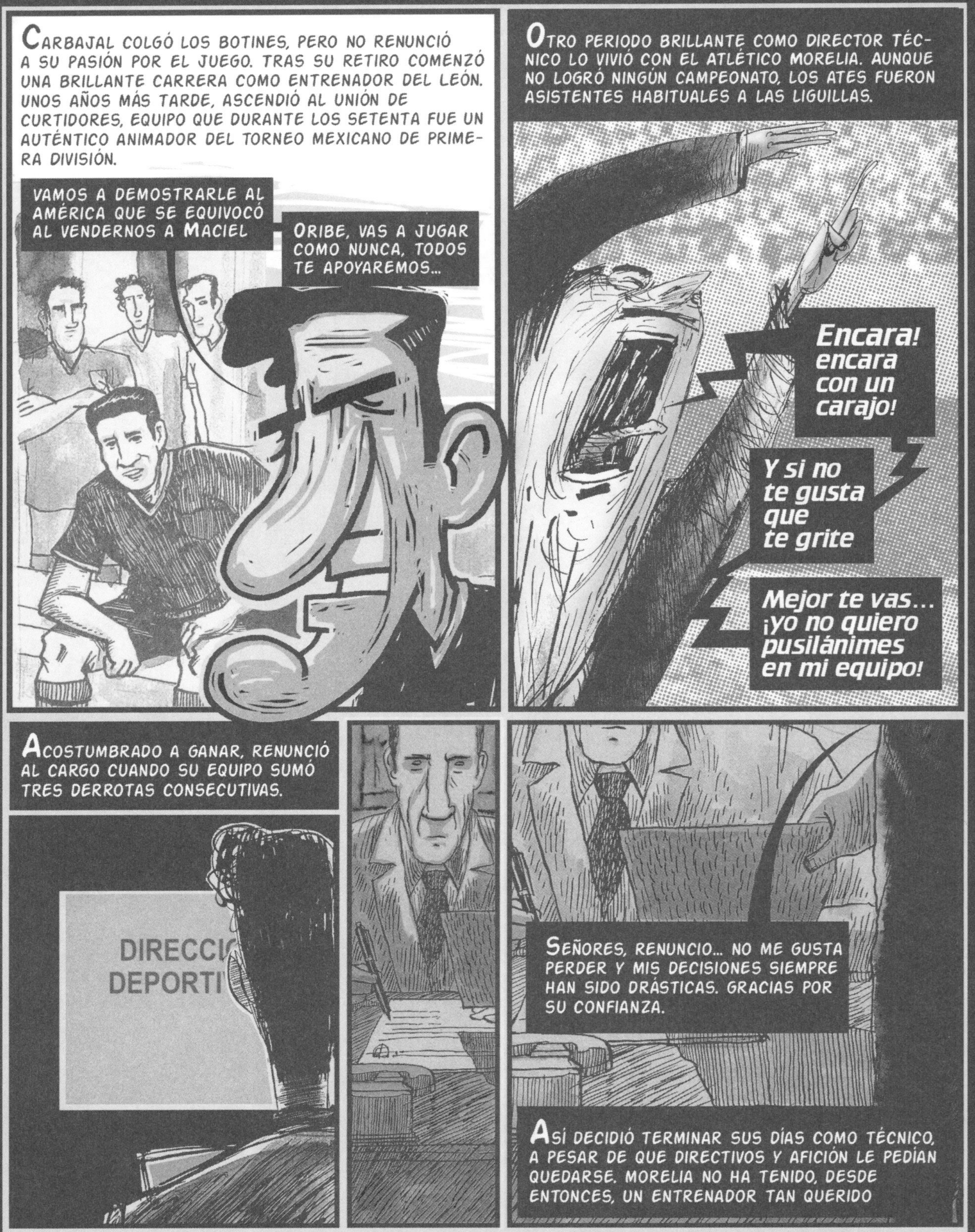
CARBAJAL COLGÓ LOS BOTINES, PERO NO RENUNCIÓ A SU PASIÓN POR EL JUEGO. TRAS SU RETIRO COMENZÓ UNA BRILLANTE CARRERA COMO ENTRENADOR DEL LEÓN. UNOS AÑOS MÁS TARDE, ASCENDIÓ AL UNIÓN DE CURTIDORES, EQUIPO QUE DURANTE LOS SETENTA FUE UN AUTÉNTICO ANIMADOR DEL TORNEO MEXICANO DE PRIMERA DIVISIÓN.
VAMOS A DEMOSTRARLE AL AMÉRICA QUE SE EQUIVOCÓ AL VENDERNOS A MACIEL
ORIBE, VAS A JUGAR COMO NUNCA, TODOS TE APOYAREMOS...
OTRO PERIODO BRILLANTE COMO DIRECTOR TÉCNICO LO VIVIÓ CON EL ATLÉTICO MORELIA. AUNQUE NO LOGRÓ NINGÚN CAMPEONATO, LOS ATES FUERON ASISTENTES HABITUALES A LAS LIGUILLAS.
Encara! encara con un carajo!
Y si no te gusta que te grite
Mejor te vas... ¡yo no quiero pusilánimes en mi equipo!
ACOSTUMBRADO A GANAR, RENUNCIÓ AL CARGO CUANDO SU EQUIPO SUMÓ TRES DERROTAS CONSECUTIVAS.
DIRECCI
DEPORTI
SEÑORES, RENUNCIO... NO ME GUSTA PERDER Y MIS DECISIONES SIEMPRE HAN SIDO DRÁSTICAS. GRACIAS POR SU CONFIANZA.
ASÍ DECIDIÓ TERMINAR SUS DÍAS COMO TÉCNICO, A PESAR DE QUE DIRECTIVOS Y AFICIÓN LE PEDÍAN QUEDARSE. MORELIA NO HA TENIDO, DESDE ENTONCES, UN ENTRENADOR TAN QUERIDO

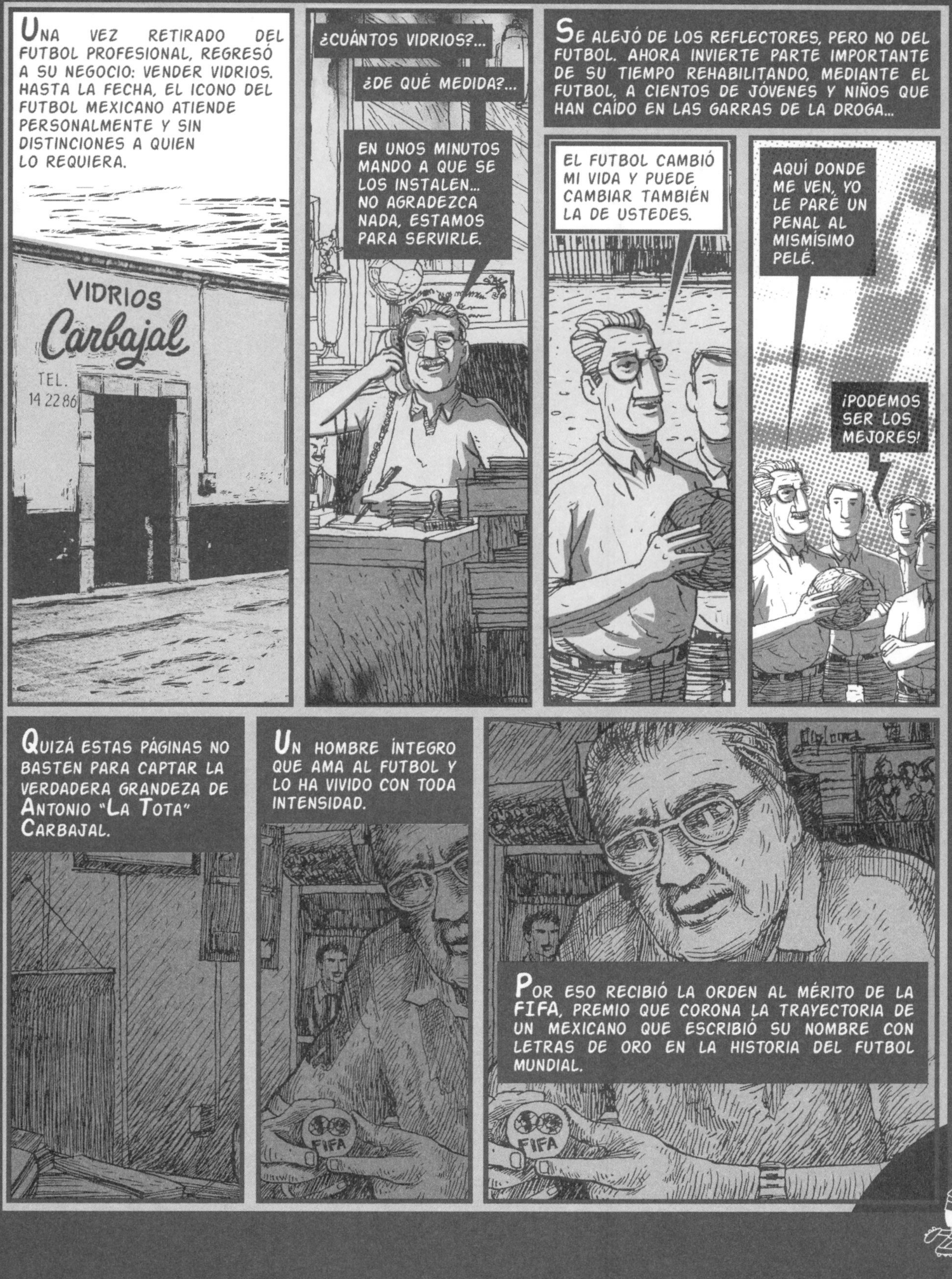
Una vez retirado del futbol profesional, regresó a su negocio: vender vidrios. Hasta la fecha, el icono del futbol mexicano atiende personalmente y sin distinciones a quien lo requiera.
VIDRIOS Carbajal
TEL. 14 22 86
¿Cuántos vidrios?...
¿De qué medida?...
En unos minutos mando a que se los instalen... no agradezca nada, estamos para servirle.
Se alejó de los reflectores, pero no del futbol. Ahora invierte parte importante de su tiempo rehabilitando, mediante el futbol, a cientos de jóvenes y niños que han caído en las garras de la droga...
El futbol cambió mi vida y puede cambiar también la de ustedes.
Aquí donde me ven, yo le paré un penal al mismísimo Pelé.
¡Podemos ser los mejores!
Quizá estas páginas no basten para captar la verdadera grandeza de Antonio "La Tota" Carbajal.
Un hombre íntegro que ama al futbol y lo ha vivido con toda intensidad.
FIFA
Por eso recibió la Orden al Mérito de la FIFA, premio que corona la trayectoria de un mexicano que escribió su nombre con letras de oro en la historia del futbol mundial.

¿QUIÉN FUE EL CAPITÁN MEXICANO EN EL MUNDIAL DE 1970?

Gustavo "El Halcón" Peña

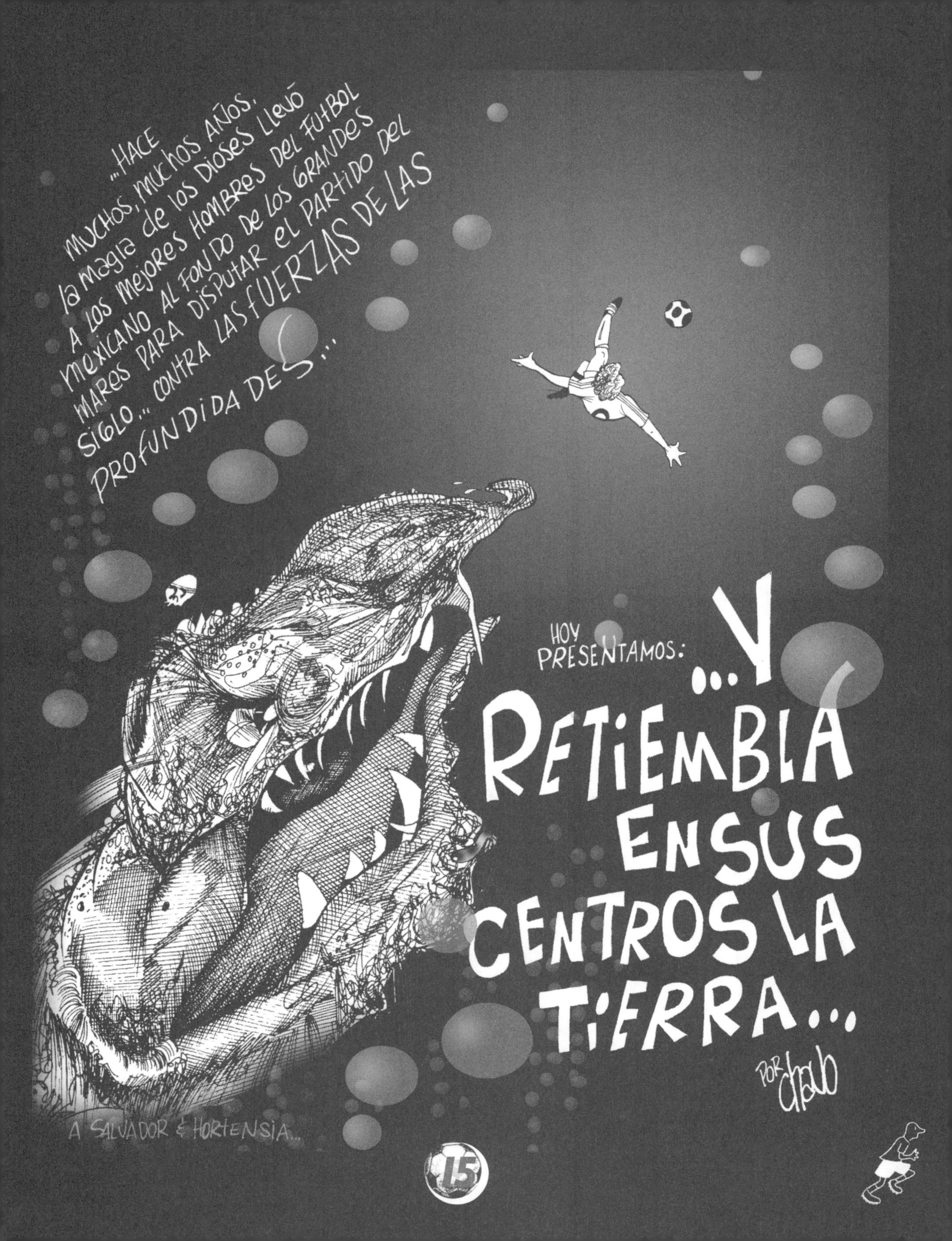
...HACE
MUCHOS, MUCHOS AÑOS,
la magia de los DIOSES LLEVÓ
A LOS MEJORES HOMBRES DEL FUTBOL
MEXICANO AL FONDO DE LOS GRANDES
MARES PARA DISPUTAR EL PARTIDO DEL
SIGLO... CONTRA LAS FUERZAS DE LAS
PROFUNDIDADES...
HOY PRESENTAMOS:
...Y RETIEMBLA EN SUS CENTROS LA TIERRA...
POR chavo
A SALVADOR & HORTENSIA...

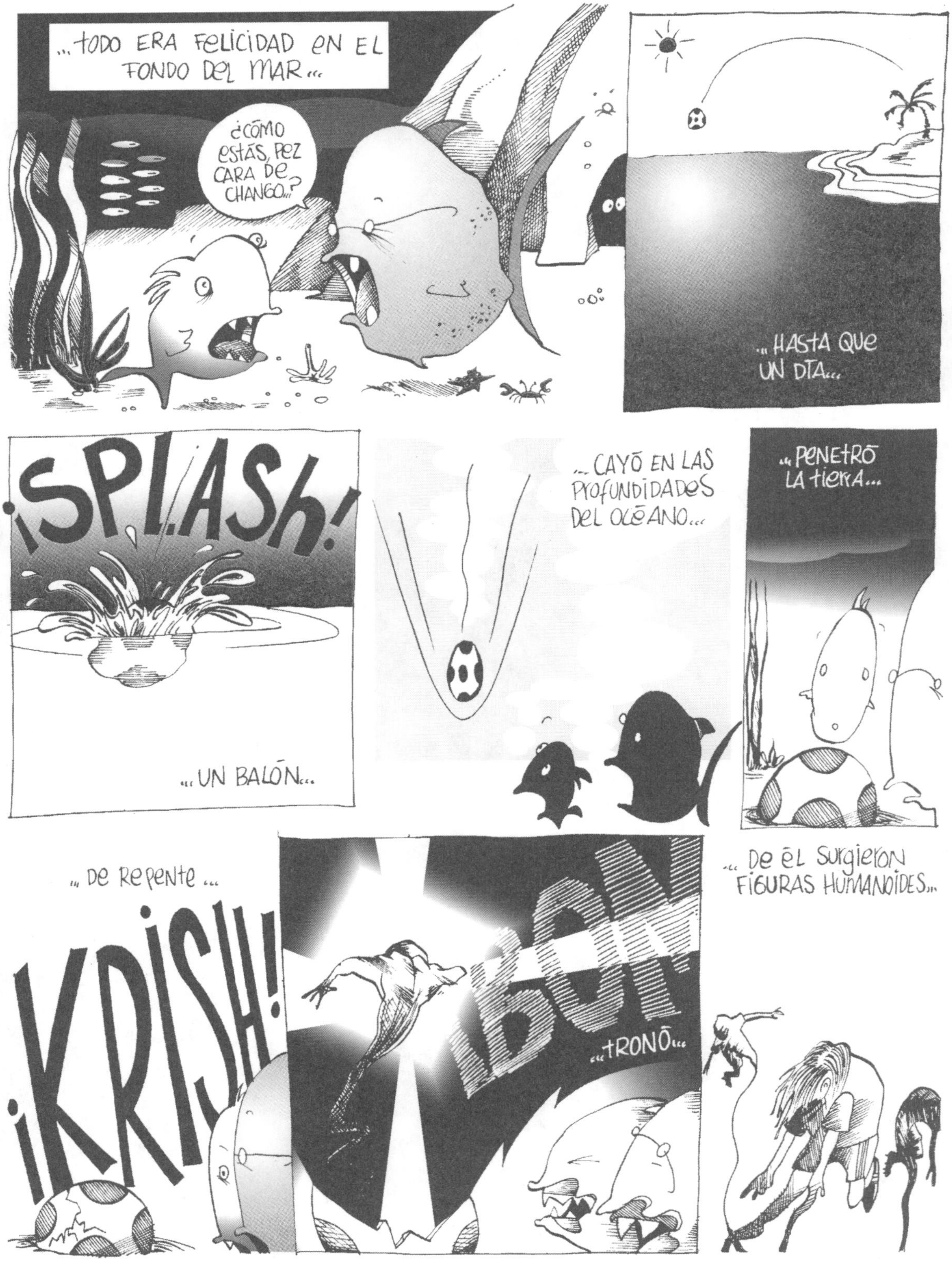
...todo era felicidad en el fondo del mar...
¿cómo estás, pez cara de chango...?
...hasta que un dia...
¡SPLASH!
...un balón...
...cayó en las profundidades del océano...
...penetró la tierra...
...de repente...
¡KRISH!
¡BOM!
...tronó...
...de él surgieron figuras humanoides...

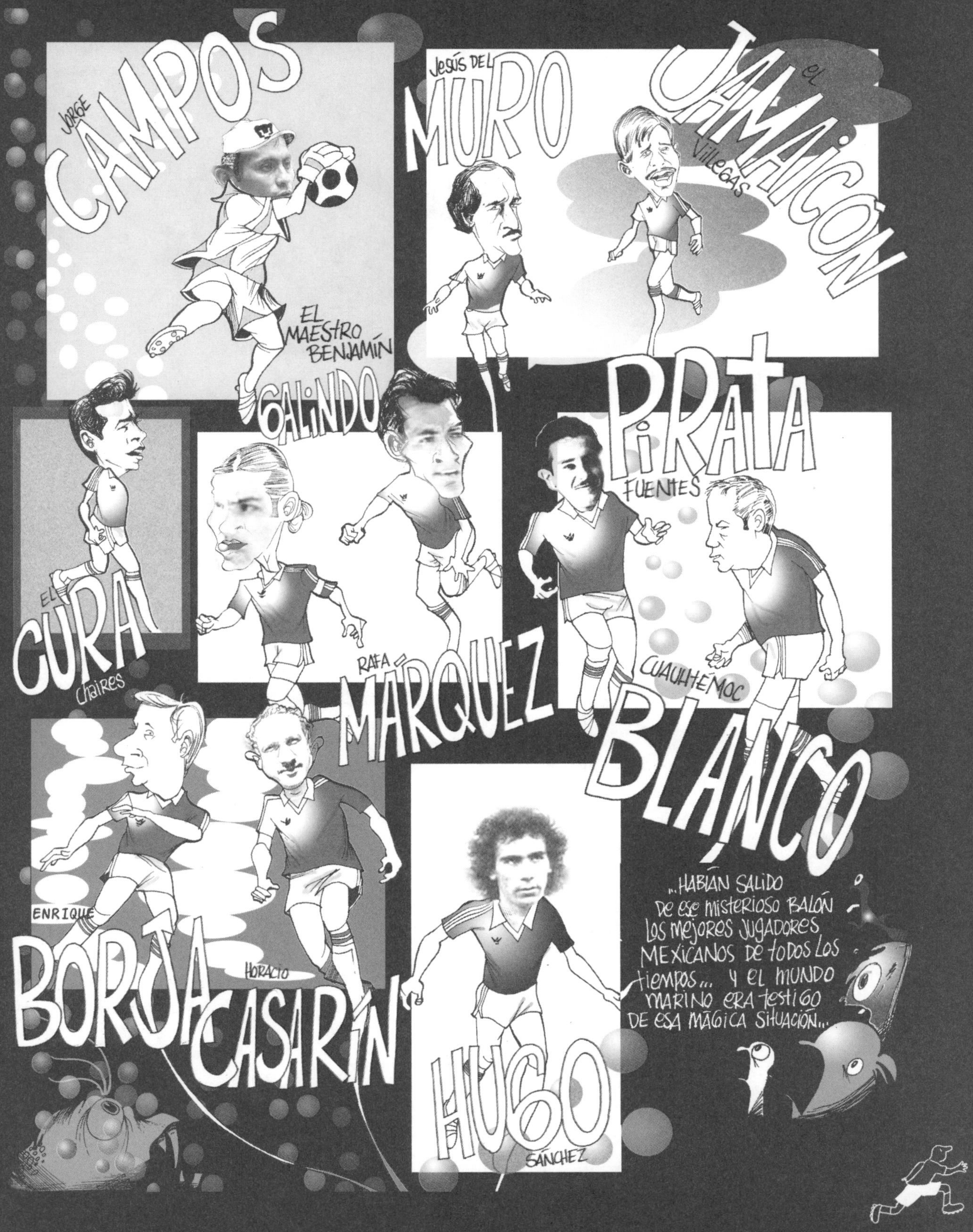
Jorge CAMPOS
Jesús del MURO
el JAMAICÓN Villegas
EL MAESTRO BENJAMÍN GALINDO
PIRATA FUENTES
EL CURA Chaires
RAFA MÁRQUEZ
CUAUHTÉMOC BLANCO
ENRIQUE BORJA
Horacio CASARÍN
HUGO SÁNCHEZ
...HABÍAN SALIDO DE ESE MISTERIOSO BALÓN LOS MEJORES JUGADORES MEXICANOS DE TODOS LOS TIEMPOS... Y EL MUNDO MARINO ERA TESTIGO DE ESA MÁGICA SITUACIÓN...

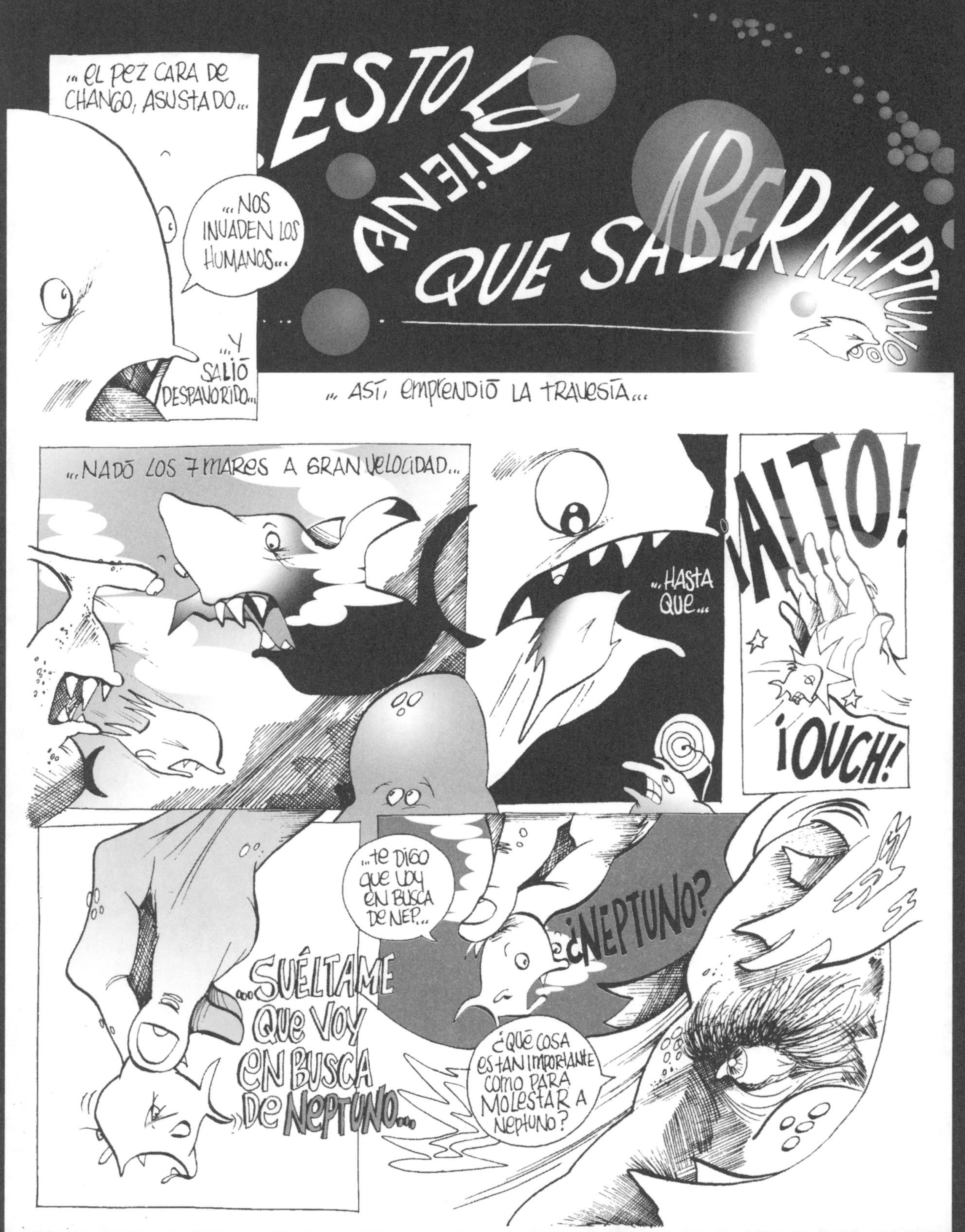

...EL PEZ CARA DE CHANGO, ASUSTADO...
...NOS INVADEN LOS HUMANOS...
...Y SALIÓ DESPAVORIDO...
¡ESTO LO TIENE QUE SABER NEPTUNO!
... ASÍ, EMPRENDIÓ LA TRAVESÍA...
...NADÓ LOS 7 MARES A GRAN VELOCIDAD...
...HASTA QUE...
¡ALTO!
¡OUCH!
...SUÉLTAME QUE VOY EN BUSCA DE NEPTUNO...
...TE DIGO QUE VOY EN BUSCA DE NEP...
¿NEPTUNO?
¿QUÉ COSA ES TAN IMPORTANTE COMO PARA MOLESTAR A NEPTUNO?

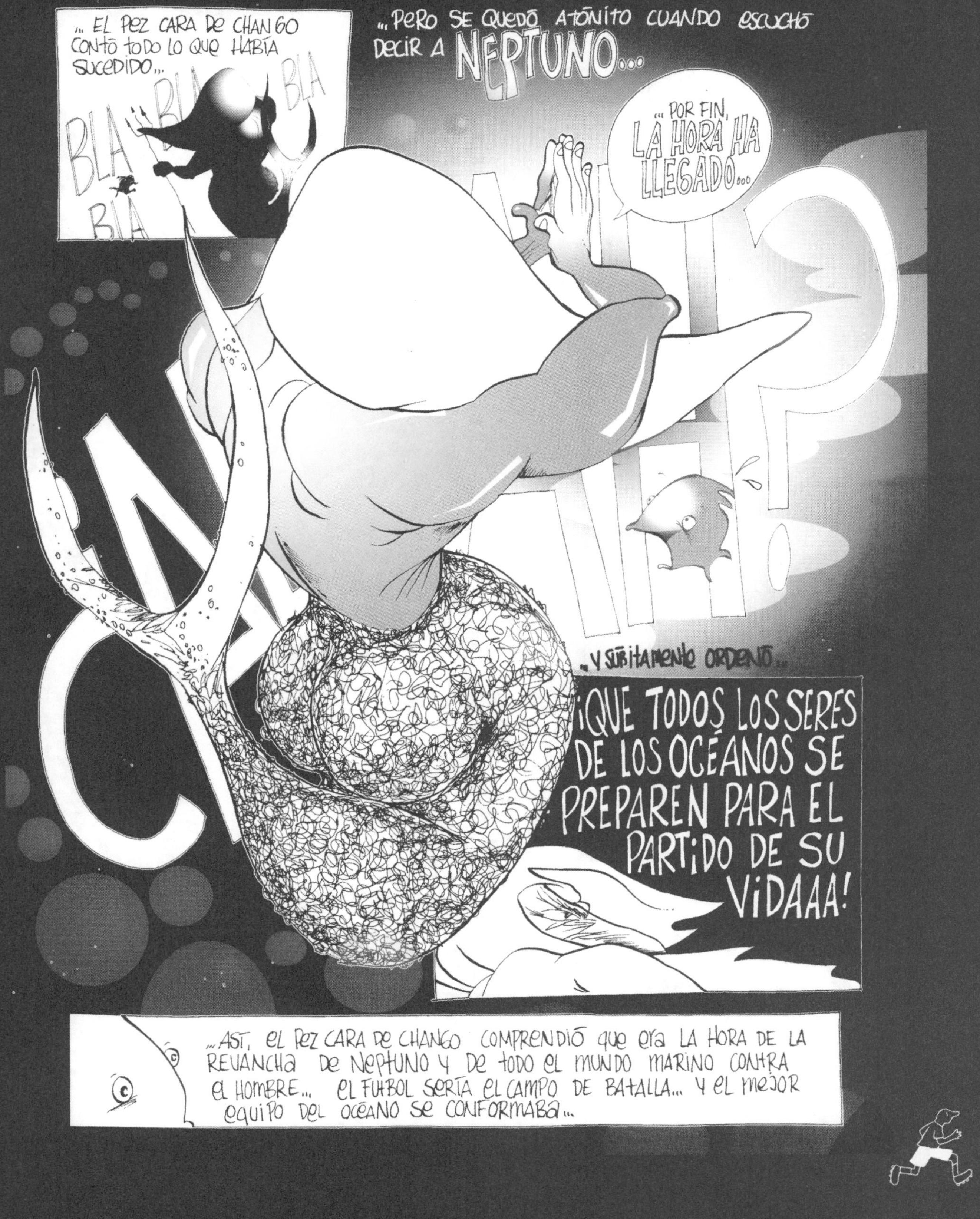
... EL PEZ CARA DE CHANGO CONTÓ TODO LO QUE HABÍA SUCEDIDO...
BLA BLA BLA BLA BLA
... PERO SE QUEDÓ ATÓNITO CUANDO ESCUCHÓ DECIR A NEPTUNO...
... POR FIN, LA HORA HA LLEGADO...
... Y SÚBITAMENTE ORDENÓ...
¡QUE TODOS LOS SERES DE LOS OCÉANOS SE PREPAREN PARA EL PARTIDO DE SU VIDAAA!
...ASÍ, EL PEZ CARA DE CHANGO COMPRENDIÓ QUE ERA LA HORA DE LA REVANCHA DE NEPTUNO Y DE TODO EL MUNDO MARINO CONTRA EL HOMBRE... EL FUTBOL SERÍA EL CAMPO DE BATALLA... Y EL MEJOR EQUIPO DEL OCÉANO SE CONFORMABA...

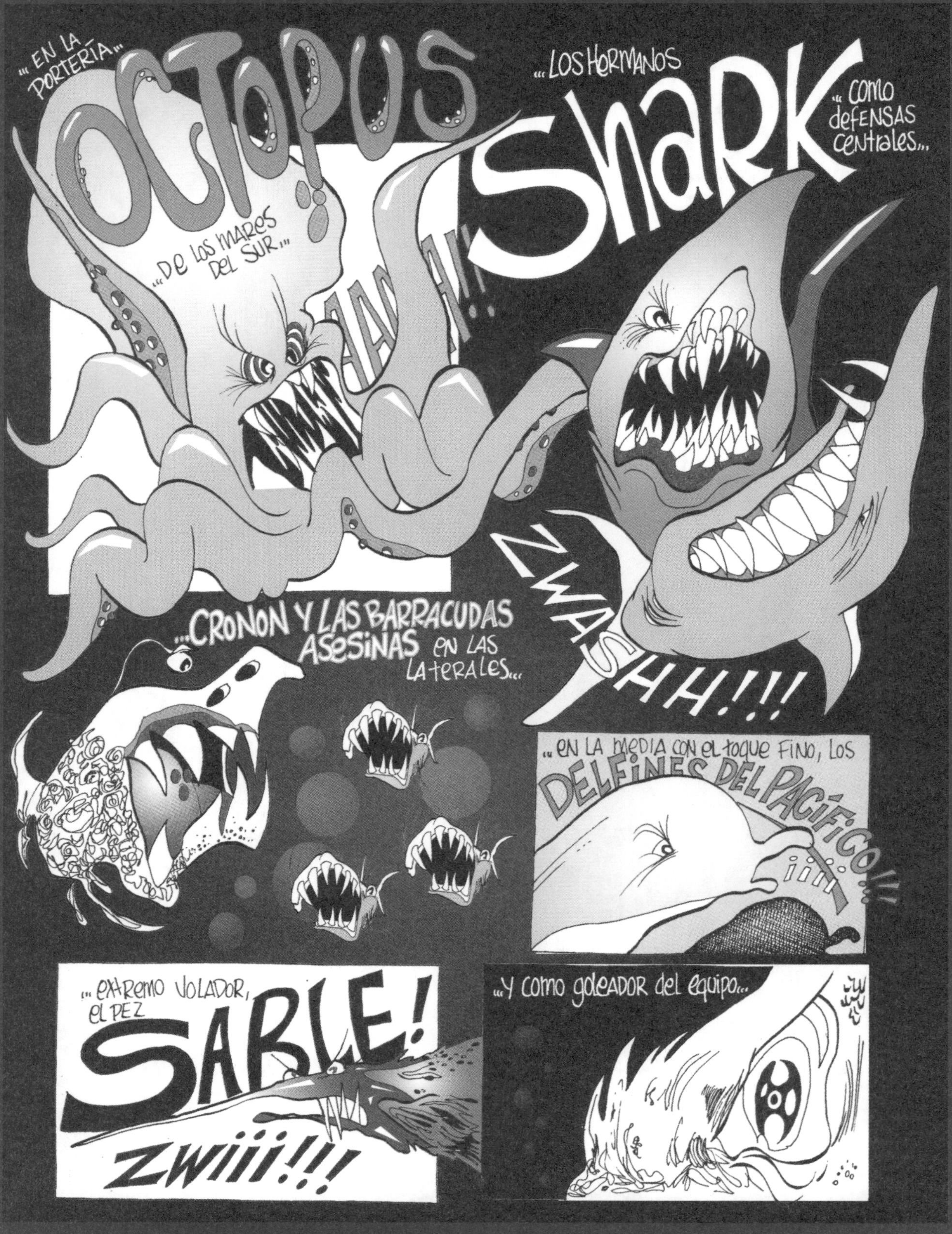
...EN LA PORTERÍA...
OCTOPUS
...DE LOS MARES DEL SUR...
...LOS HERMANOS
SHARK
...COMO DEFENSAS CENTRALES...
...CRONON Y LAS BARRACUDAS ASESINAS EN LAS LATERALES...
ZWASHH!!!
...EN LA MEDIA CON EL TOQUE FINO, LOS
DELFINES DEL PACÍFICO!!!
...EXTREMO VOLADOR, EL PEZ
SABLE!
ZWIIII!!!
...Y COMO GOLEADOR DEL EQUIPO...

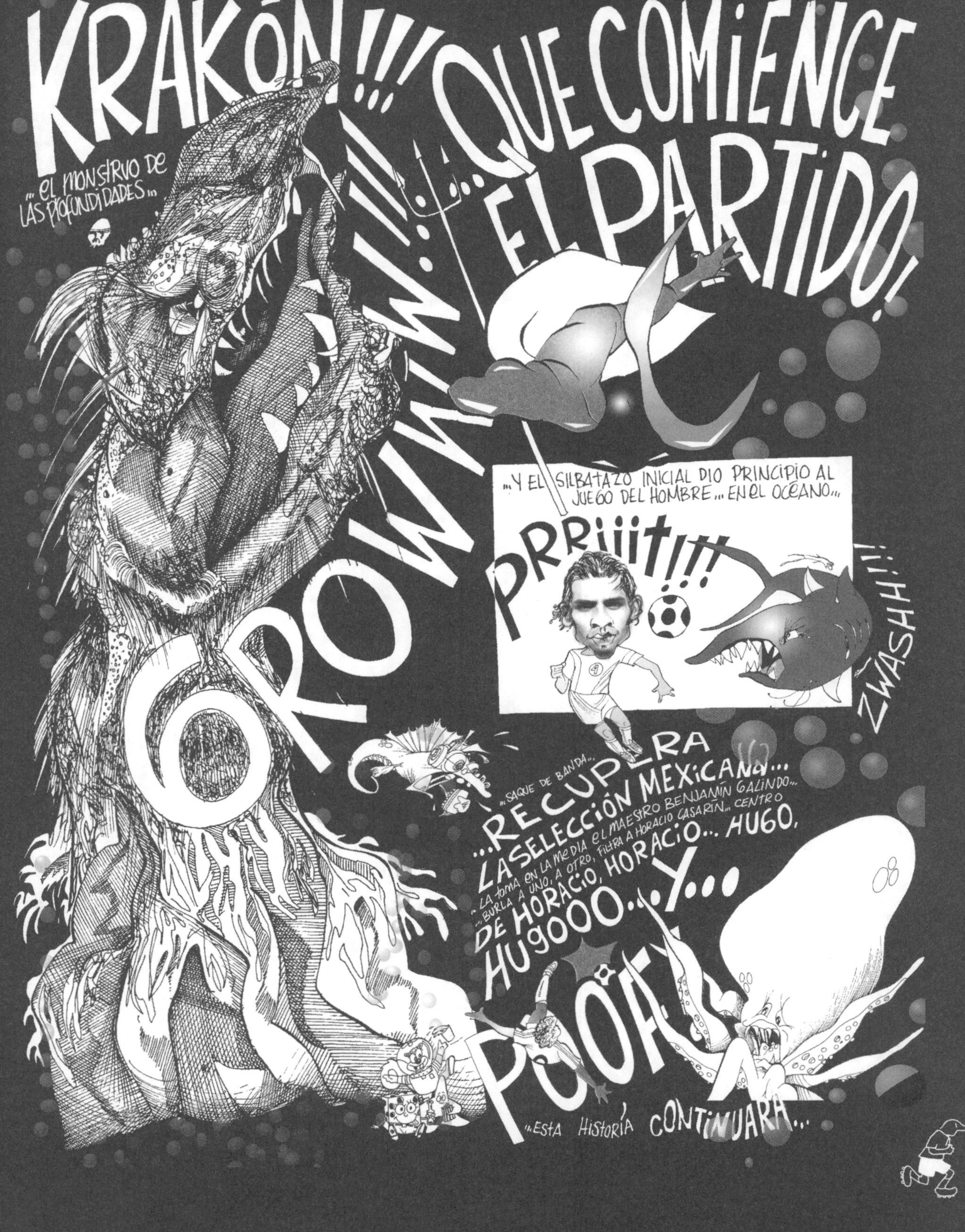
KRAKÓN!!!
...el monstruo de las profundidades...
GROWWWW...!!!
¡...QUE COMIENCE EL PARTIDO!
...Y EL SILBATAZO INICIAL DIO PRINCIPIO AL JUEGO DEL HOMBRE... EN EL OCÉANO...
PRRiiiit!!!
ZWASHH!!!
...SAQUE DE BANDA...
...RECUPERA
LA SELECCIÓN MEXICANA...
...LA toma en la media el maestro Benjamín Galindo...
...burla a uno, a otro, filtra a Horacio Casarín... centro
de Horacio, Horacio, Horacio... Hugo,
Hugooo...Y...
POOOAF
...esta historia continuará...

¿QUIÉN DESPEDÍA SUS TRANSMISIONES CON LAS CLÁSICAS: CUATRO PALABRAS?

Fernando Marcos González

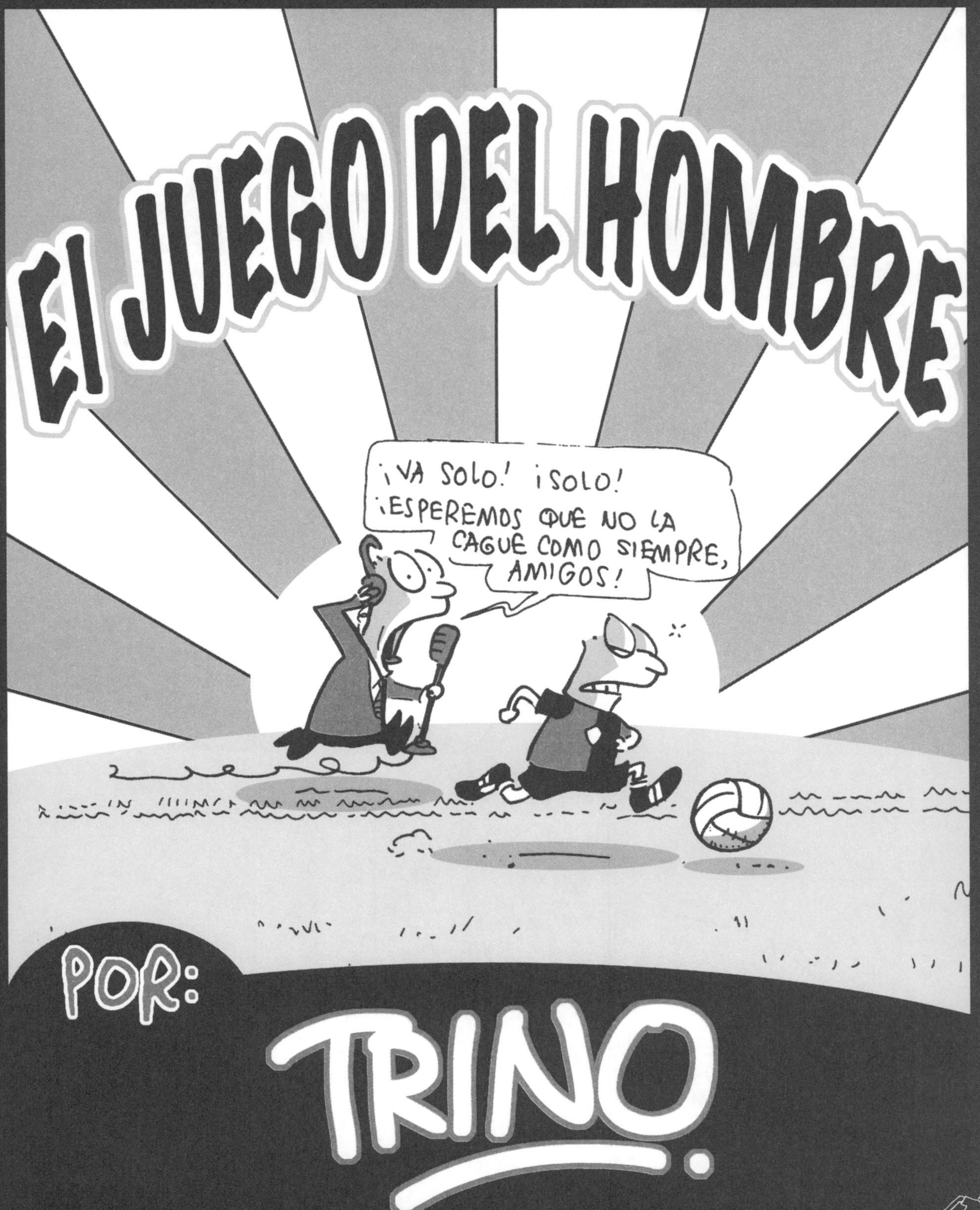
El JUEGO DEL HOMBRE
¡VA SOLO! ¡SOLO! ¡ESPEREMOS QUE NO LA CAGUE COMO SIEMPRE, AMIGOS!
POR:
TRINO.

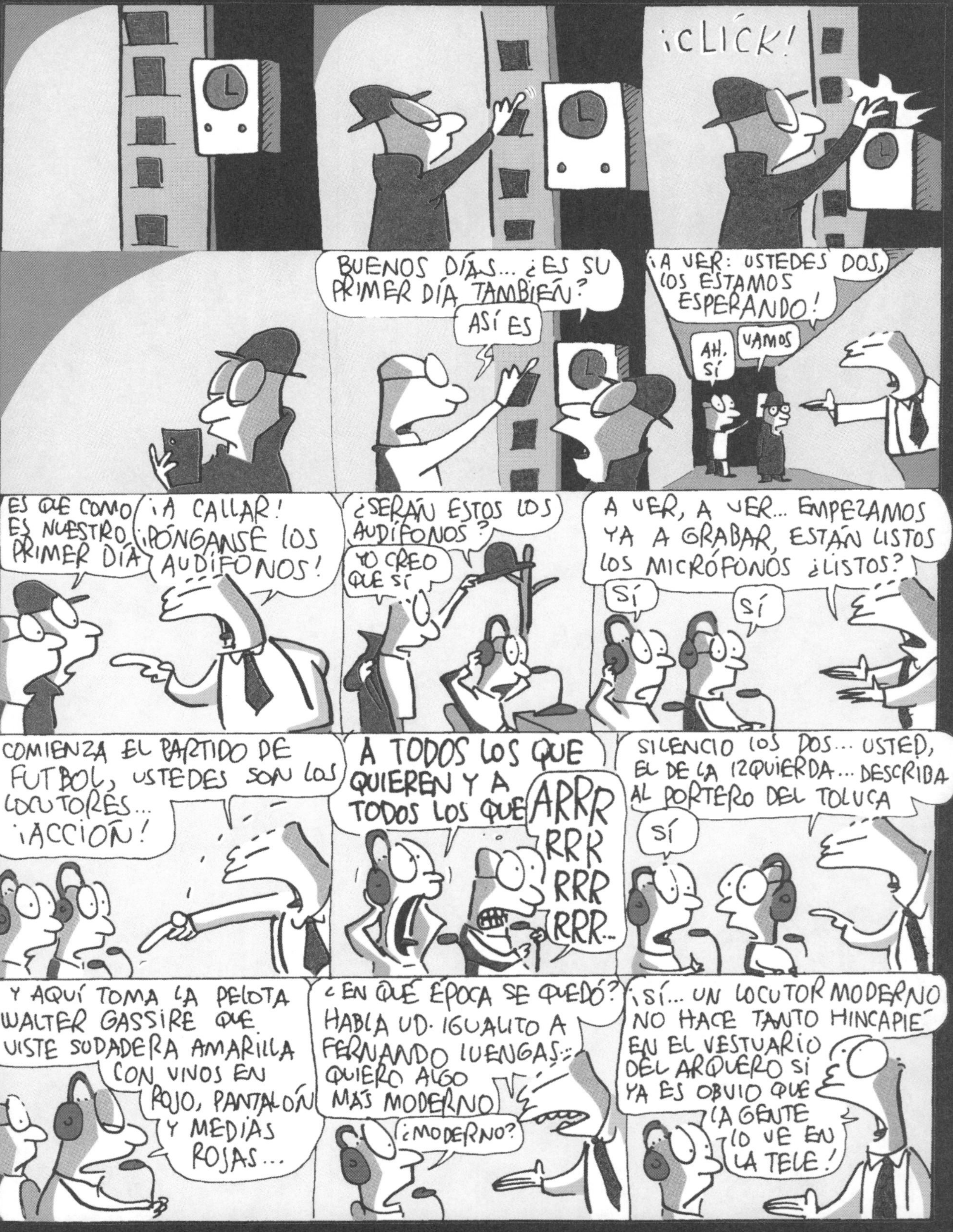

¡CLICK!
BUENOS DÍAS... ¿ES SU PRIMER DÍA TAMBIÉN?
ASÍ ES
¡A VER: USTEDES DOS, LOS ESTAMOS ESPERANDO!
AH, SÍ
VAMOS
ES QUE COMO ES NUESTRO PRIMER DÍA
¡A CALLAR! ¡PÓNGANSE LOS AUDÍFONOS!
¿SERÁN ESTOS LOS AUDÍFONOS?
YO CREO QUE SÍ
A VER, A VER... EMPEZAMOS YA A GRABAR, ESTÁN LISTOS LOS MICRÓFONOS ¿LISTOS?
SÍ
SÍ
COMIENZA EL PARTIDO DE FUTBOL, USTEDES SON LOS LOCUTORES... ¡ACCIÓN!
A TODOS LOS QUE QUIEREN Y A TODOS LOS QUE
ARRR RRR RRR RRR...
SILENCIO LOS DOS... USTED, EL DE LA IZQUIERDA... DESCRIBA AL PORTERO DEL TOLUCA
SÍ
Y AQUÍ TOMA LA PELOTA WALTER GASSIRE QUE VISTE SUDADERA AMARILLA CON VIVOS EN ROJO, PANTALÓN Y MEDIAS ROJAS...
¿EN QUÉ ÉPOCA SE QUEDÓ? HABLA UD. IGUALITO A FERNANDO LUENGAS... QUIERO ALGO MÁS MODERNO
¿MODERNO?
¡SÍ... UN LOCUTOR MODERNO NO HACE TANTO HINCAPIÉ EN EL VESTUARIO DEL ARQUERO SI YA ES OBVIO QUE LA GENTE LO VE EN LA TELE!

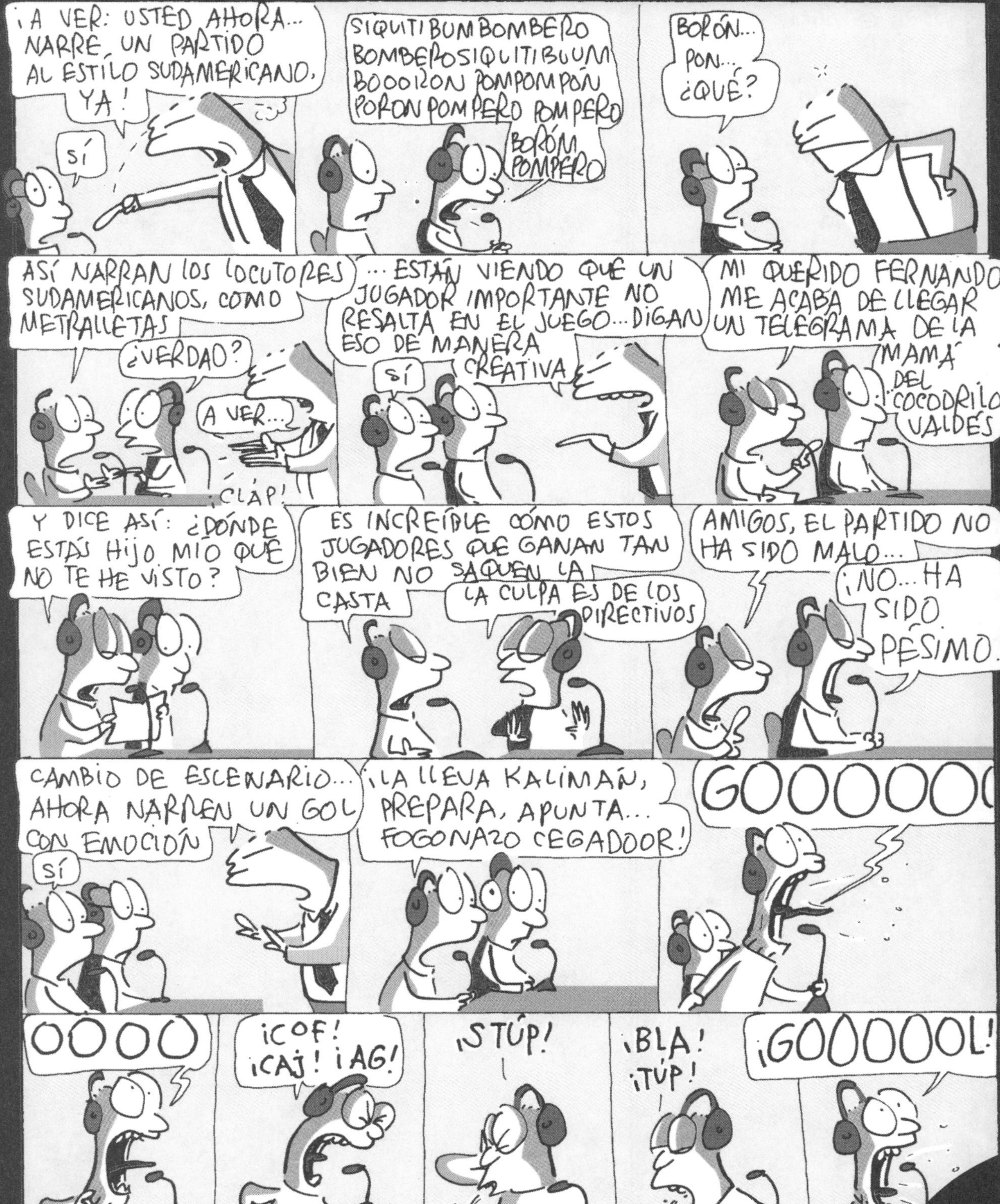
¡A VER: USTED AHORA... NARRE UN PARTIDO AL ESTILO SUDAMERICANO, YA!
SÍ
SIQUITIBUMBOMBERO BOMBEROSIQUITIBUUM BOOOORON POMPOMPÓN PORONPOMPERO POMPERO
BORÓM POMPERO
BORÓN... PON... ¿QUÉ?
ASÍ NARRAN LOS LOCUTORES SUDAMERICANOS, COMO METRALLETAS
¿VERDAD?
A VER...
¡CLAP!
...ESTÁN VIENDO QUE UN JUGADOR IMPORTANTE NO RESALTA EN EL JUEGO... DIGAN ESO DE MANERA CREATIVA
SÍ
MI QUERIDO FERNANDO, ME ACABA DE LLEGAR UN TELEGRAMA DE LA MAMÁ DEL "COCODRILO" VALDÉS
Y DICE ASÍ: ¿DÓNDE ESTÁS HIJO MÍO QUE NO TE HE VISTO?
ES INCREÍBLE CÓMO ESTOS JUGADORES QUE GANAN TAN BIEN NO SAQUEN LA CASTA
LA CULPA ES DE LOS DIRECTIVOS
AMIGOS, EL PARTIDO NO HA SIDO MALO...
¡NO... HA SIDO PÉSIMO!
CAMBIO DE ESCENARIO... AHORA NARREN UN GOL CON EMOCIÓN
SÍ
¡LA LLEVA KALIMAN, PREPARA, APUNTA... FOGONAZO CEGADOOR!
GOOOOOOO
OOOO
¡COF! ¡CAJ! ¡AG!
¡STÚP!
¡BLA! ¡TÚP!
¡GOOOOOOL!

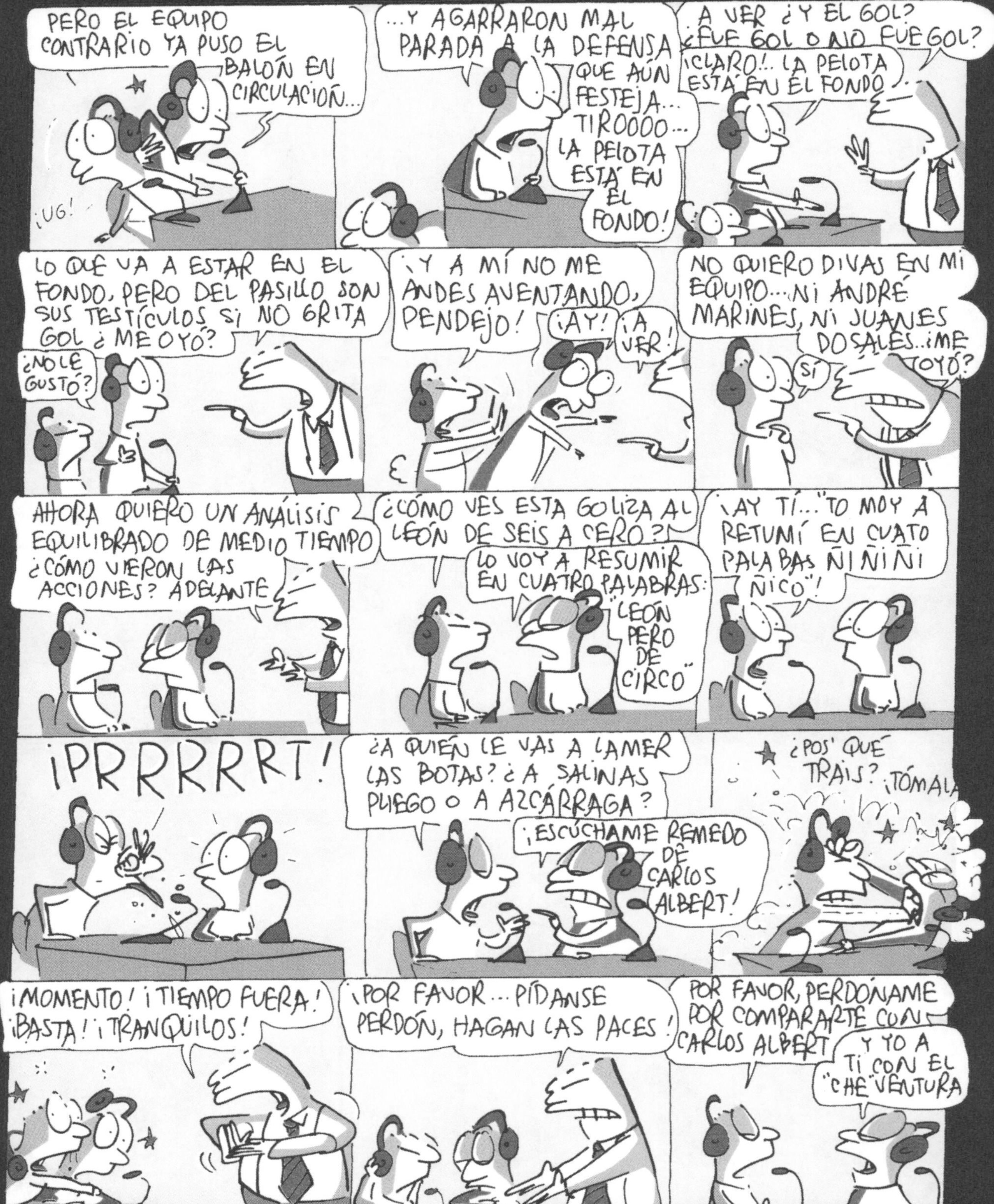
PERO EL EQUIPO CONTRARIO YA PUSO EL BALÓN EN CIRCULACIÓN...
¡UG!
...Y AGARRARON MAL PARADA A LA DEFENSA
QUE AÚN FESTEJA... TIROOOO... LA PELOTA ESTÁ EN EL FONDO!
A VER ¿Y EL GOL? ¿FUE GOL O NO FUE GOL?
¡CLARO!.. LA PELOTA ESTÁ EN EL FONDO
LO QUE VA A ESTAR EN EL FONDO, PERO DEL PASILLO SON SUS TESTÍCULOS SI NO GRITA GOL ¿ME OYÓ?
¿NO LE GUSTÓ?
¡Y A MÍ NO ME ANDES AVENTANDO, PENDEJO!
¡AY!
¡A VER!
NO QUIERO DIVAS EN MI EQUIPO... ¡NI ANDRÉ MARINES, NI JUANES DOSALES...¡ME OYÓ?
SÍ
AHORA QUIERO UN ANÁLISIS EQUILIBRADO DE MEDIO TIEMPO ¿CÓMO VIERON LAS ACCIONES? ADELANTE
¿CÓMO VES ESTA GOLIZA AL LEÓN DE SEIS A CERO?
LO VOY A RESUMIR EN CUATRO PALABRAS:
"LEÓN PERO DE CIRCO"
¡AY TÍ... "TO MOY A RETUMÍ EN CUATO PALABAS ÑI ÑI ÑI ÑICO"!
¡PRRRRRRT!
¿A QUIÉN LE VAS A LAMER LAS BOTAS? ¿A SALINAS PLIEGO O A AZCÁRRAGA?
¡ESCÚCHAME REMEDO DE CARLOS ALBERT!
¿POS' QUÉ TRAIS?
¡TÓMALA
¡MOMENTO! ¡TIEMPO FUERA! ¡BASTA! ¡TRANQUILOS!
¡POR FAVOR... PÍDANSE PERDÓN, HAGAN LAS PACES!
POR FAVOR, PERDÓNAME POR COMPARARTE CON CARLOS ALBERT
Y YO A TI CON EL "CHE" VENTURA

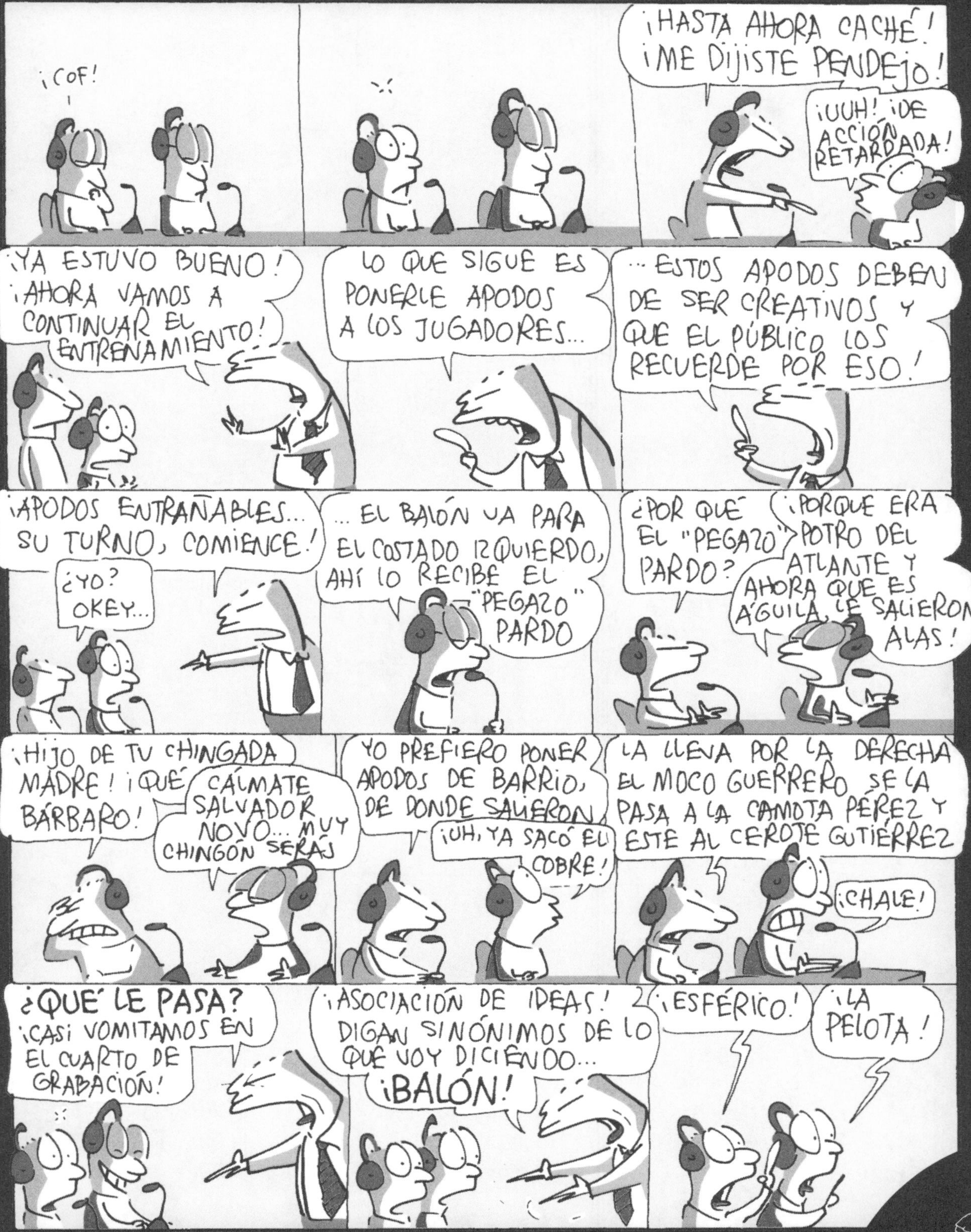
¡COF!
¡HASTA AHORA CACHÉ! ¡ME DIJISTE PENDEJO!
¡UUH! ¡DE ACCIÓN RETARDADA!
¡YA ESTUVO BUENO! ¡AHORA VAMOS A CONTINUAR EL ENTRENAMIENTO!
LO QUE SIGUE ES PONERLE APODOS A LOS JUGADORES...
... ESTOS APODOS DEBEN DE SER CREATIVOS Y QUE EL PÚBLICO LOS RECUERDE POR ESO!
¡APODOS ENTRAÑABLES... SU TURNO, COMIENCE!
¿YO? OKEY...
... EL BALÓN VA PARA EL COSTADO IZQUIERDO, AHÍ LO RECIBE EL "PEGAZO" PARDO
¿POR QUÉ EL "PEGAZO" PARDO?
¡PORQUE ERA POTRO DEL ATLANTE Y AHORA QUE ES ÁGUILA, LE SALIERON ALAS!
¡HIJO DE TU CHINGADA MADRE! ¡QUÉ BÁRBARO!
CÁLMATE SALVADOR NOVO... MUY CHINGÓN SERÁS
YO PREFIERO PONER APODOS DE BARRIO, DE DONDE SALIERON
¡UH, YA SACÓ EL COBRE!
LA LLEVA POR LA DERECHA EL MOCO GUERRERO, SE LA PASA A LA CAMOTA PÉREZ Y ESTE AL CEROTE GUTIÉRREZ
¡CHALE!
¿QUÉ LE PASA? ¡CASI VOMITAMOS EN EL CUARTO DE GRABACIÓN!
¡ASOCIACIÓN DE IDEAS! DIGAN SINÓNIMOS DE LO QUE VOY DICIENDO...
¡BALÓN!
¡ESFÉRICO!
¡LA PELOTA!

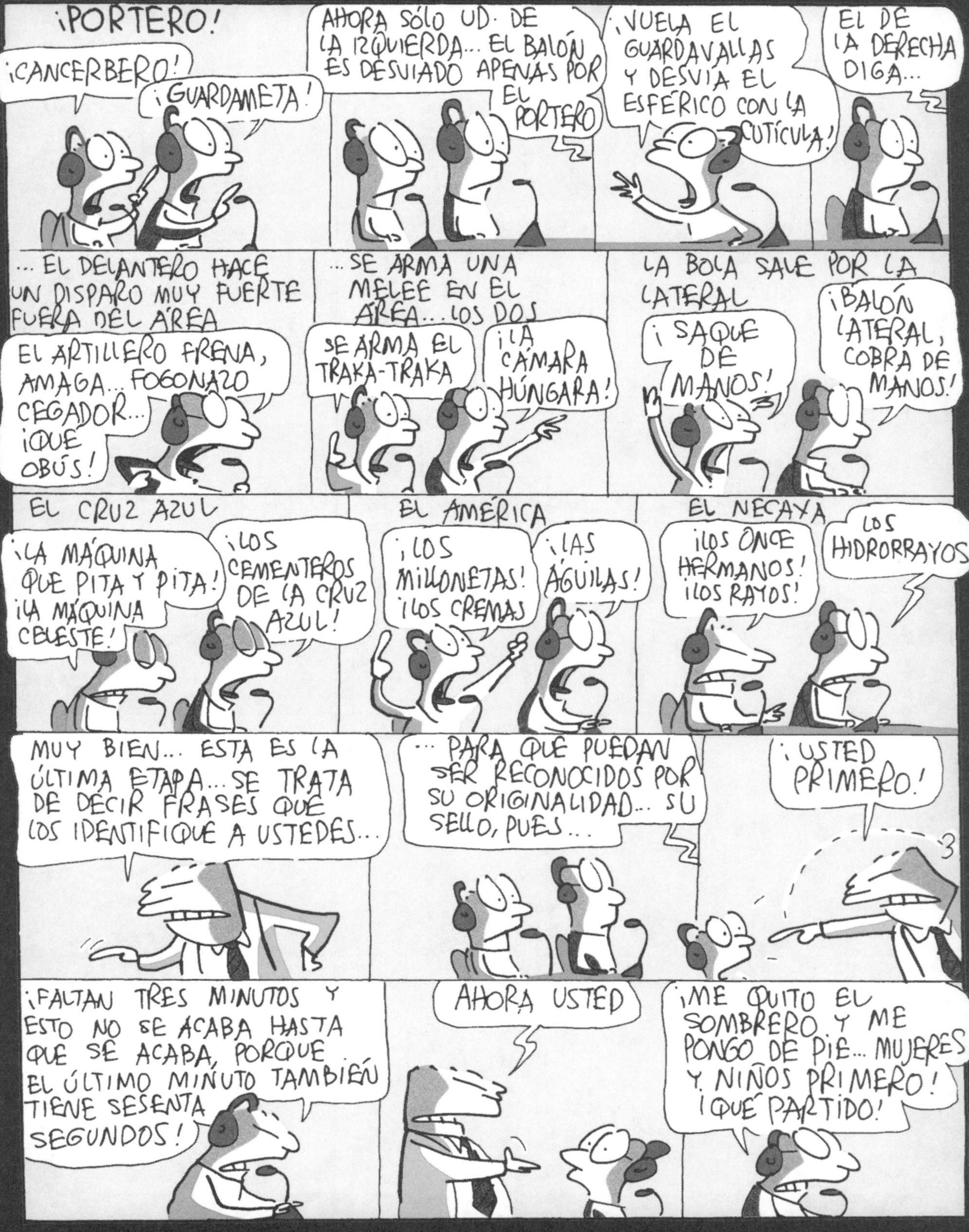
¡PORTERO!
¡CANCERBERO!
¡GUARDAMETA!
AHORA SÓLO UD. DE LA IZQUIERDA... EL BALÓN ES DESVIADO APENAS POR EL PORTERO
¡VUELA EL GUARDAVALLAS Y DESVÍA EL ESFÉRICO CON LA CUTÍCULA!
EL DE LA DERECHA DIGA...
... EL DELANTERO HACE UN DISPARO MUY FUERTE FUERA DEL ÁREA
EL ARTILLERO FRENA, AMAGA... FOGONAZO CEGADOR... ¡QUÉ OBÚS!
... SE ARMA UNA MELEE EN EL ÁREA... LOS DOS
SE ARMA EL TRAKA-TRAKA
¡LA CÁMARA HÚNGARA!
LA BOLA SALE POR LA LATERAL
¡SAQUE DE MANOS!
¡BALÓN LATERAL, COBRA DE MANOS!
EL CRUZ AZUL
¡LA MÁQUINA QUE PITA Y PITA! ¡LA MÁQUINA CELESTE!
¡LOS CEMENTEROS DE LA CRUZ AZUL!
EL AMÉRICA
¡LOS MILLONETAS! ¡LOS CREMAS
¡LAS ÁGUILAS!
EL NECAXA
¡LOS ONCE HERMANOS! ¡LOS RAYOS!
LOS HIDRORRAYOS
MUY BIEN... ESTA ES LA ÚLTIMA ETAPA... SE TRATA DE DECIR FRASES QUE LOS IDENTIFIQUE A USTEDES...
... PARA QUE PUEDAN SER RECONOCIDOS POR SU ORIGINALIDAD... SU SELLO, PUES...
¡USTED PRIMERO!
¡FALTAN TRES MINUTOS Y ESTO NO SE ACABA HASTA QUE SE ACABA, PORQUE EL ÚLTIMO MINUTO TAMBIÉN TIENE SESENTA SEGUNDOS!
AHORA USTED
¡ME QUITO EL SOMBRERO Y ME PONGO DE PIE... MUJERES Y NIÑOS PRIMERO! ¡QUÉ PARTIDO!

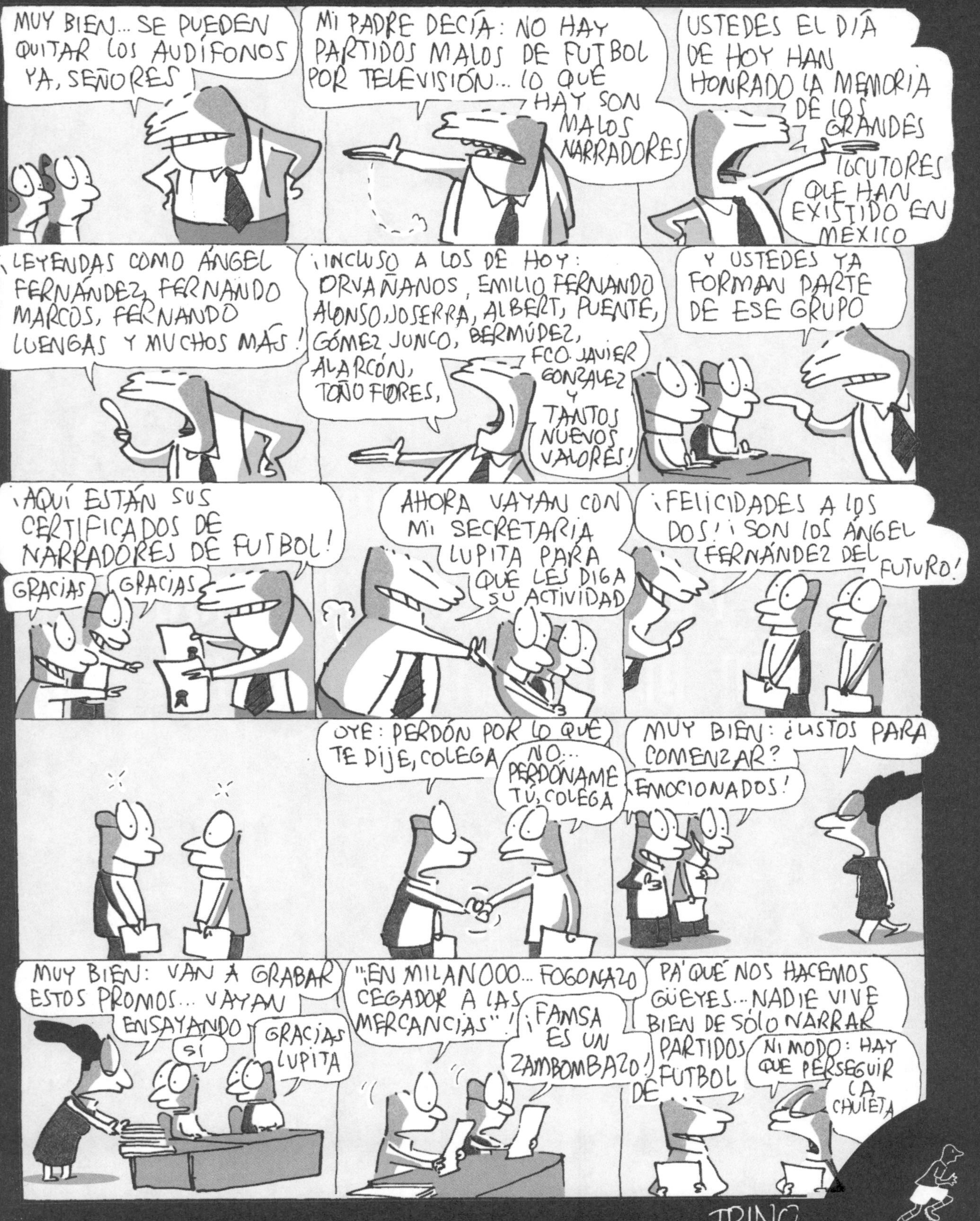

MUY BIEN... SE PUEDEN QUITAR LOS AUDÍFONOS YA, SEÑORES
MI PADRE DECÍA: NO HAY PARTIDOS MALOS DE FUTBOL POR TELEVISIÓN... LO QUE HAY SON MALOS NARRADORES
USTEDES EL DÍA DE HOY HAN HONRADO LA MEMORIA DE LOS GRANDES LOCUTORES QUE HAN EXISTIDO EN MEXICO
¡LEYENDAS COMO ÁNGEL FERNÁNDEZ, FERNANDO MARCOS, FERNANDO LUENGAS Y MUCHOS MÁS!
¡INCLUSO A LOS DE HOY: ORVAÑANOS, EMILIO FERNANDO ALONSO, JOSERRA, ALBERT, PUENTE, GÓMEZ JUNCO, BERMÚDEZ, ALARCÓN, TOÑO FLORES,
FCO. JAVIER GONZALEZ Y TANTOS NUEVOS VALORES!
Y USTEDES YA FORMAN PARTE DE ESE GRUPO
¡AQUÍ ESTÁN SUS CERTIFICADOS DE NARRADORES DE FUTBOL!
GRACIAS
GRACIAS
AHORA VAYAN CON MI SECRETARIA LUPITA PARA QUE LES DIGA SU ACTIVIDAD
¡FELICIDADES A LOS DOS! ¡SON LOS ÁNGEL FERNÁNDEZ DEL FUTURO!
OYE: PERDÓN POR LO QUE TE DIJE, COLEGA
NO... PERDÓNAME TÚ, COLEGA
MUY BIEN: ¿LISTOS PARA COMENZAR?
EMOCIONADOS!
MUY BIEN: VAN A GRABAR ESTOS PROMOS... VAYAN ENSAYANDO
SÍ
GRACIAS LUPITA
"¡EN MILANOOO... FOGONAZO CEGADOR A LAS MERCANCIAS"!
¡FAMSA ES UN ZAMBOMBAZO!
PA' QUÉ NOS HACEMOS GÜEYES... NADIE VIVE BIEN DE SÓLO NARRAR PARTIDOS DE FUTBOL
NI MODO: HAY QUE PERSEGUIR LA CHULETA
TRINO

Señoras y señores, estamos en la serie de penaltis viendo como el equipo de The Others nos anotan su último tiro.

Goooool, Goooool Goooool

Sus compañeros de equipo lo festejan con gritos que suenan a Primer Mundo!!!

£ €

$

El marcador nos dice...

NOSOTROS 4
THE OTHERS 5

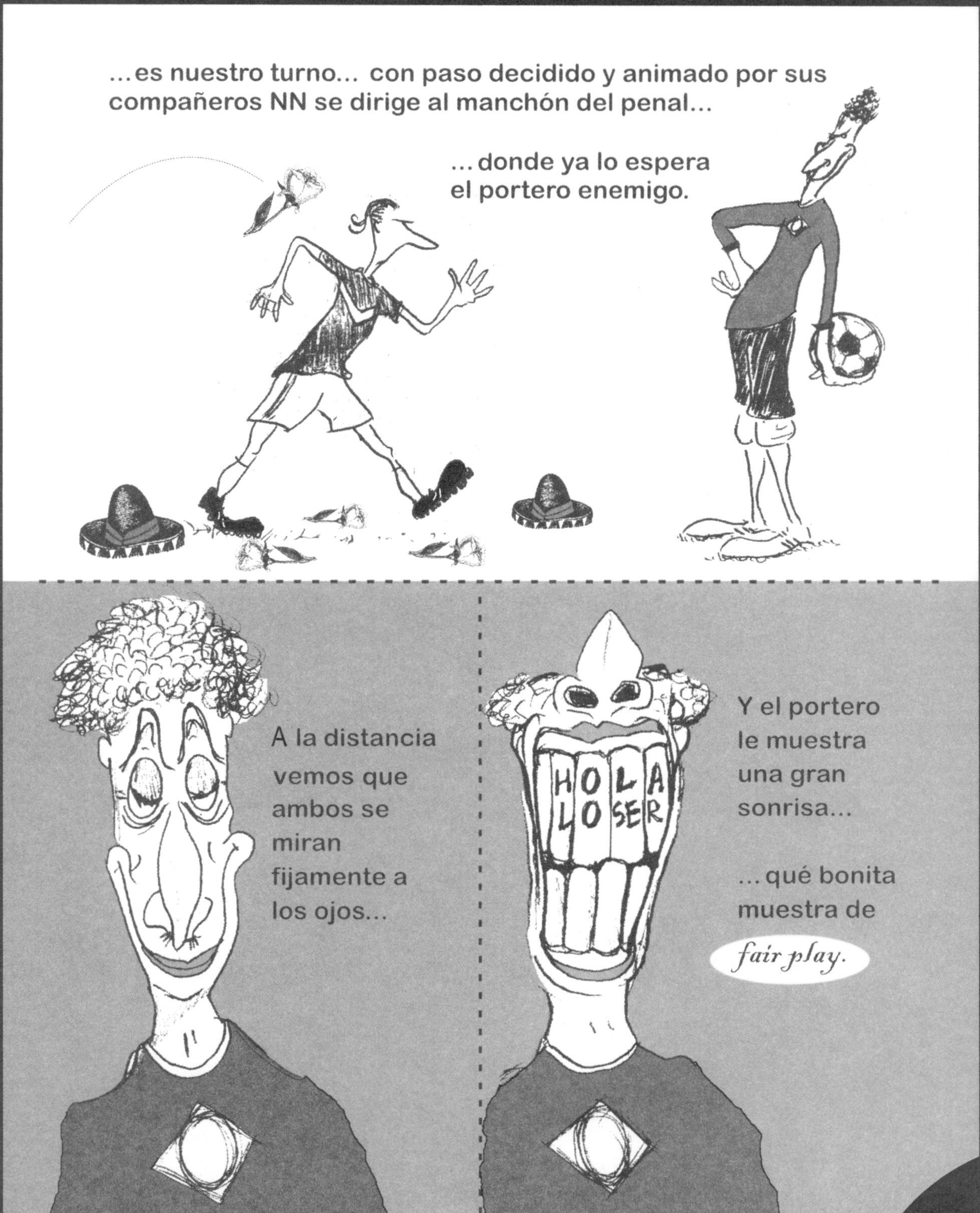
...es nuestro turno... con paso decidido y animado por sus compañeros NN se dirige al manchón del penal...
...donde ya lo espera el portero enemigo.
A la distancia vemos que ambos se miran fijamente a los ojos...
HOLA LOSER
Y el portero le muestra una gran sonrisa...
...qué bonita muestra de
fair play.

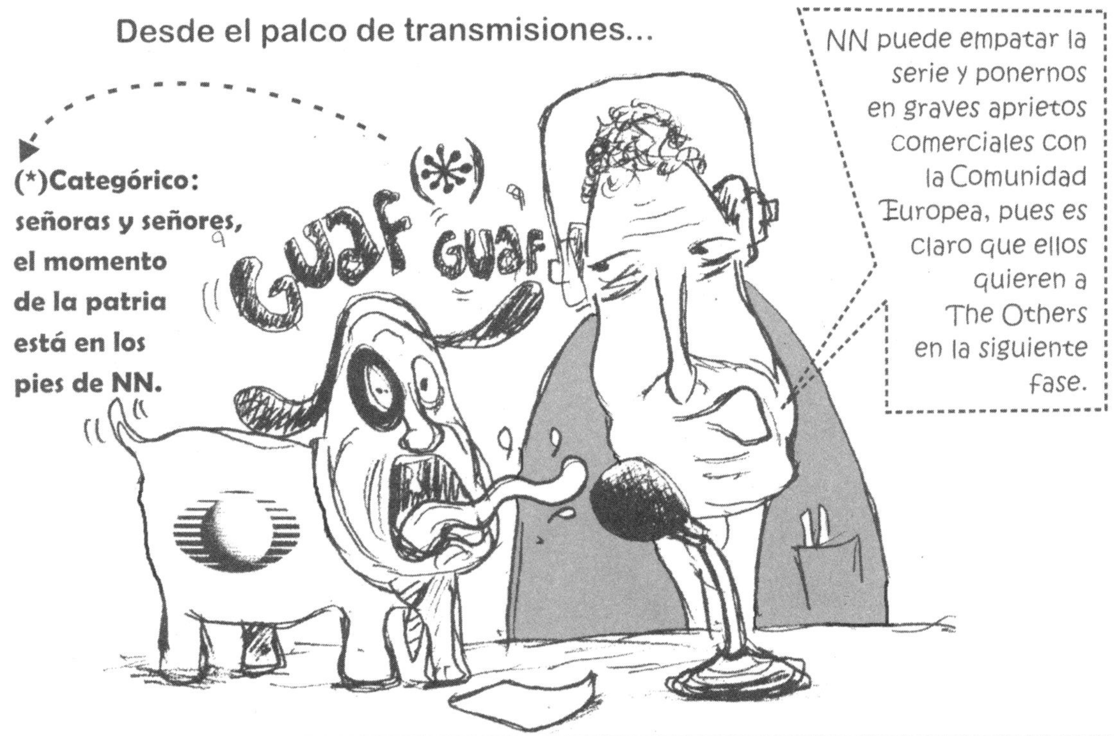
Desde el palco de transmisiones...
GUAF GUAF (*)
(*)Categórico: señoras y señores, el momento de la patria está en los pies de NN.
NN puede empatar la serie y ponernos en graves aprietos comerciales con la Comunidad Europea, pues es claro que ellos quieren a The Others en la siguiente fase.

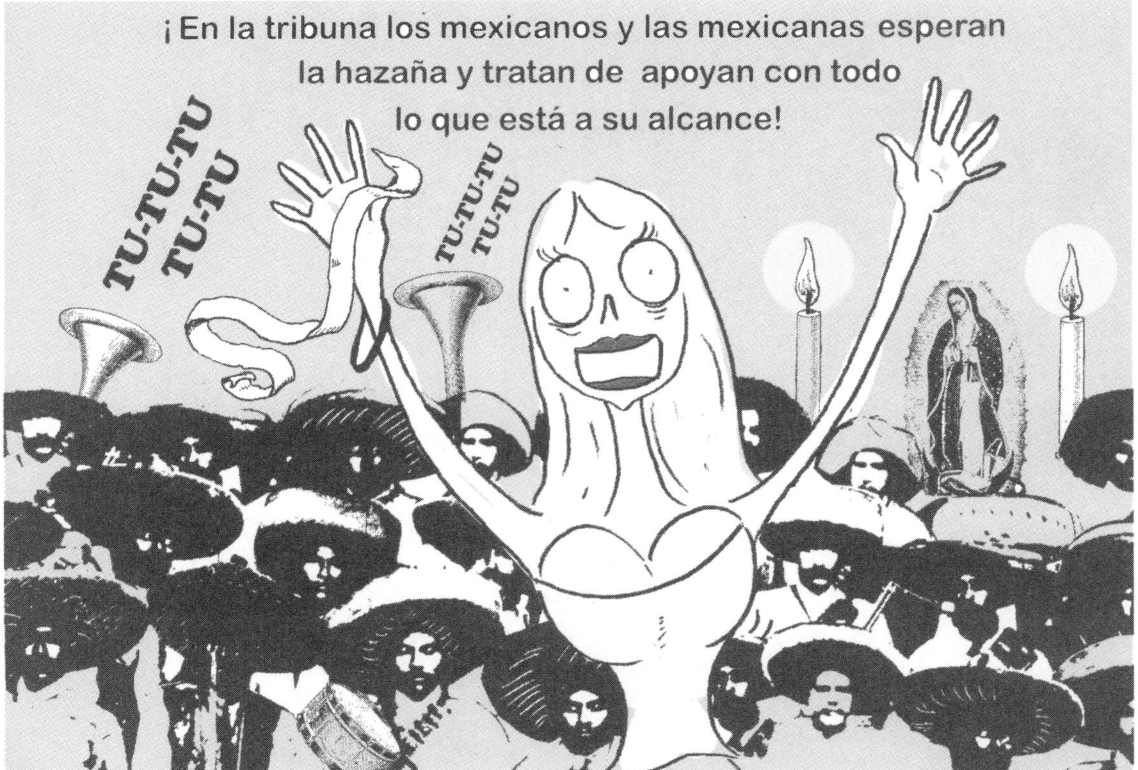
¡En la tribuna los mexicanos y las mexicanas esperan la hazaña y tratan de apoyan con todo lo que está a su alcance!
TU-TU-TU TU-TU
TU-TU-TU TU-TU

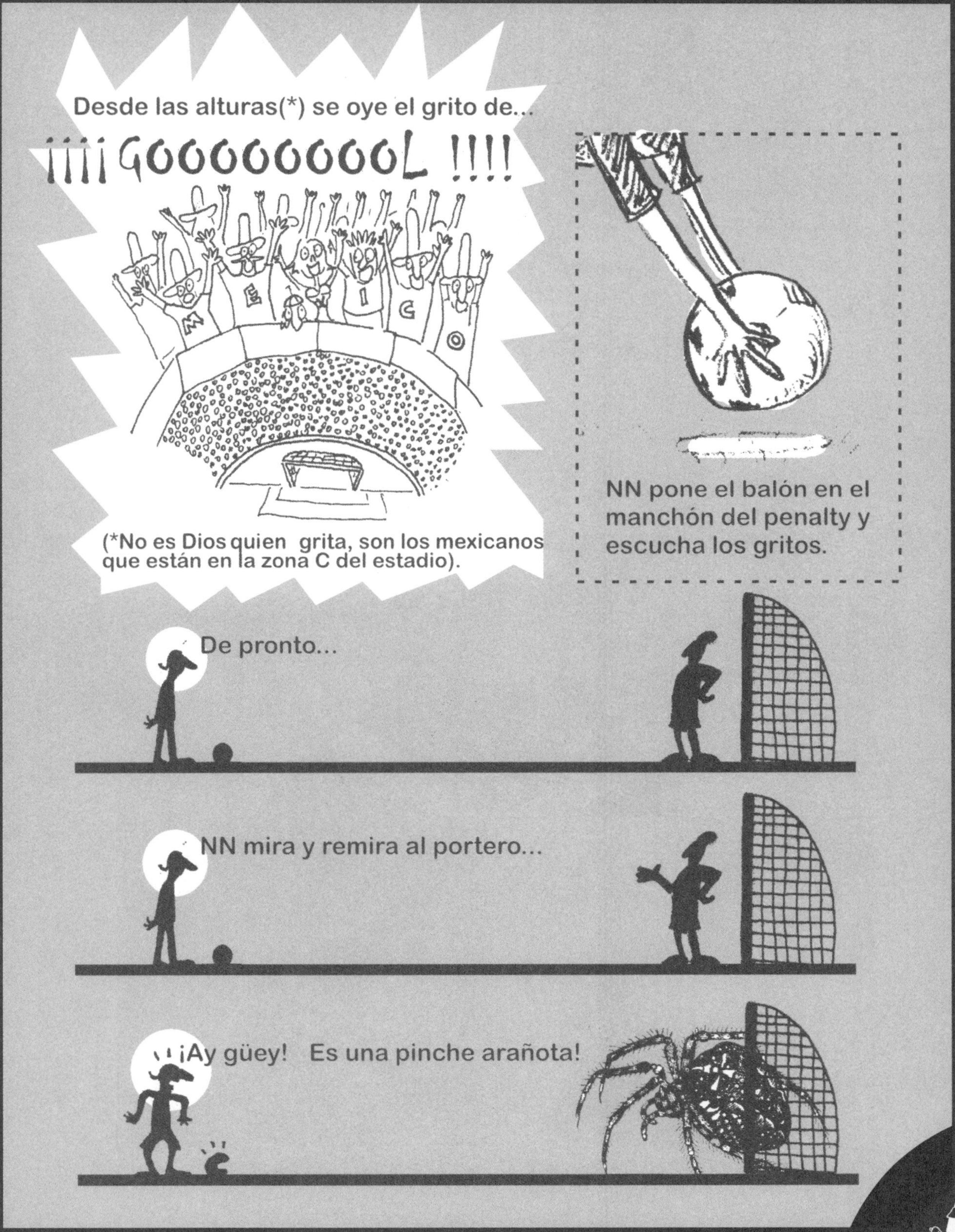
Desde las alturas(*) se oye el grito de...
¡¡¡¡GOOOOOOOOL !!!!
M E X I C O
(*No es Dios quien grita, son los mexicanos que están en la zona C del estadio).
NN pone el balón en el manchón del penalty y escucha los gritos.
De pronto...
NN mira y remira al portero...
¡Ay güey! Es una pinche arañota!

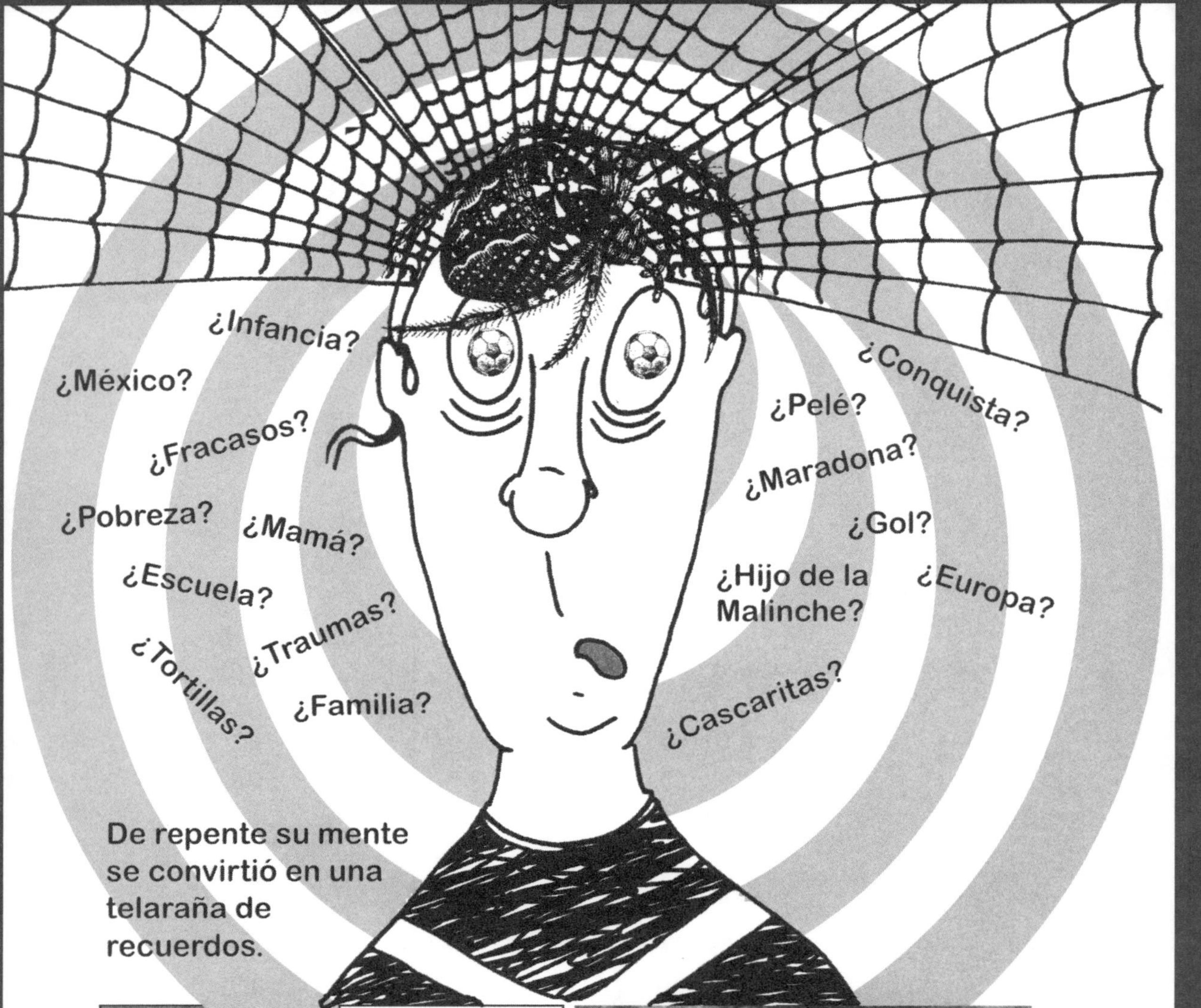
¿Infancia?
¿México?
¿Fracasos?
¿Pobreza?
¿Mamá?
¿Escuela?
¿Traumas?
¿Tortillas?
¿Familia?
¿Conquista?
¿Pelé?
¿Maradona?
¿Gol?
¿Hijo de la Malinche?
¿Europa?
¿Cascaritas?
De repente su mente se convirtió en una telaraña de recuerdos.

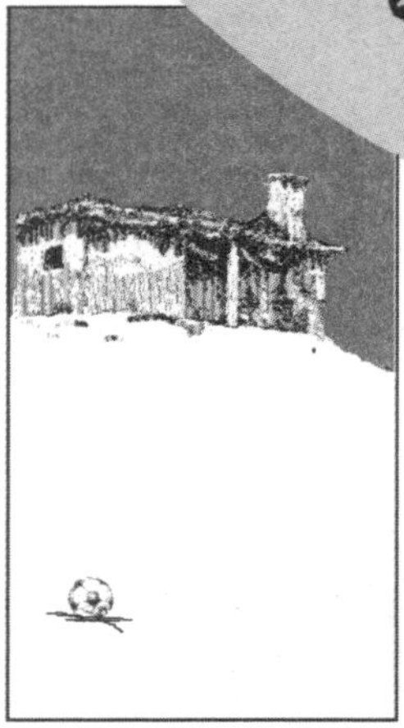

Y le entró...

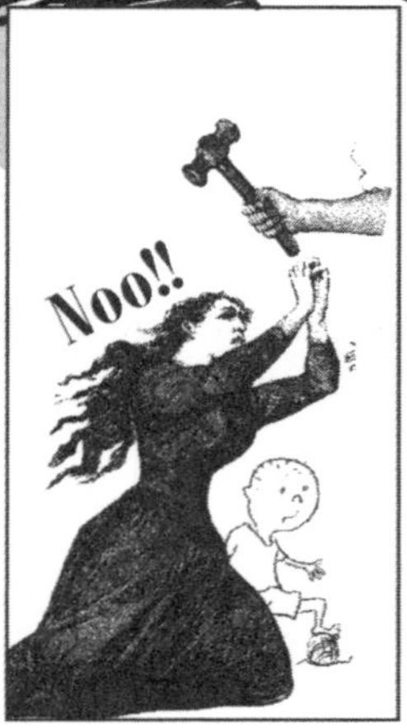
Noo!!

un miedo...

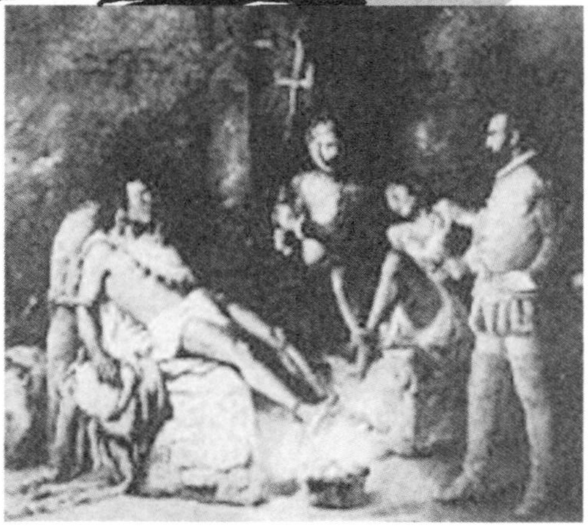

aterrador...

Empieza a mojarlo todo

Siente la presión de todo México, y la mirada de Dios puesta en sus botines

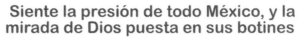

¡GULP!

Se santigua y tratando de verse bien le pega de tres dedos y...

¡¡¡La CAGÓ!!!

El balón pasa como dos metros arriba de la portería.

Vámonos compadre, malditos penales, ahí será pal otra.

Oigan, ¿dónde quedó la chichona?

Fin

¿QUÉ JUGADORA MEXICANA FUE LA PRIMERA QUE JUGÓ EN EUROPA?

Maribel Domínguez Castelán

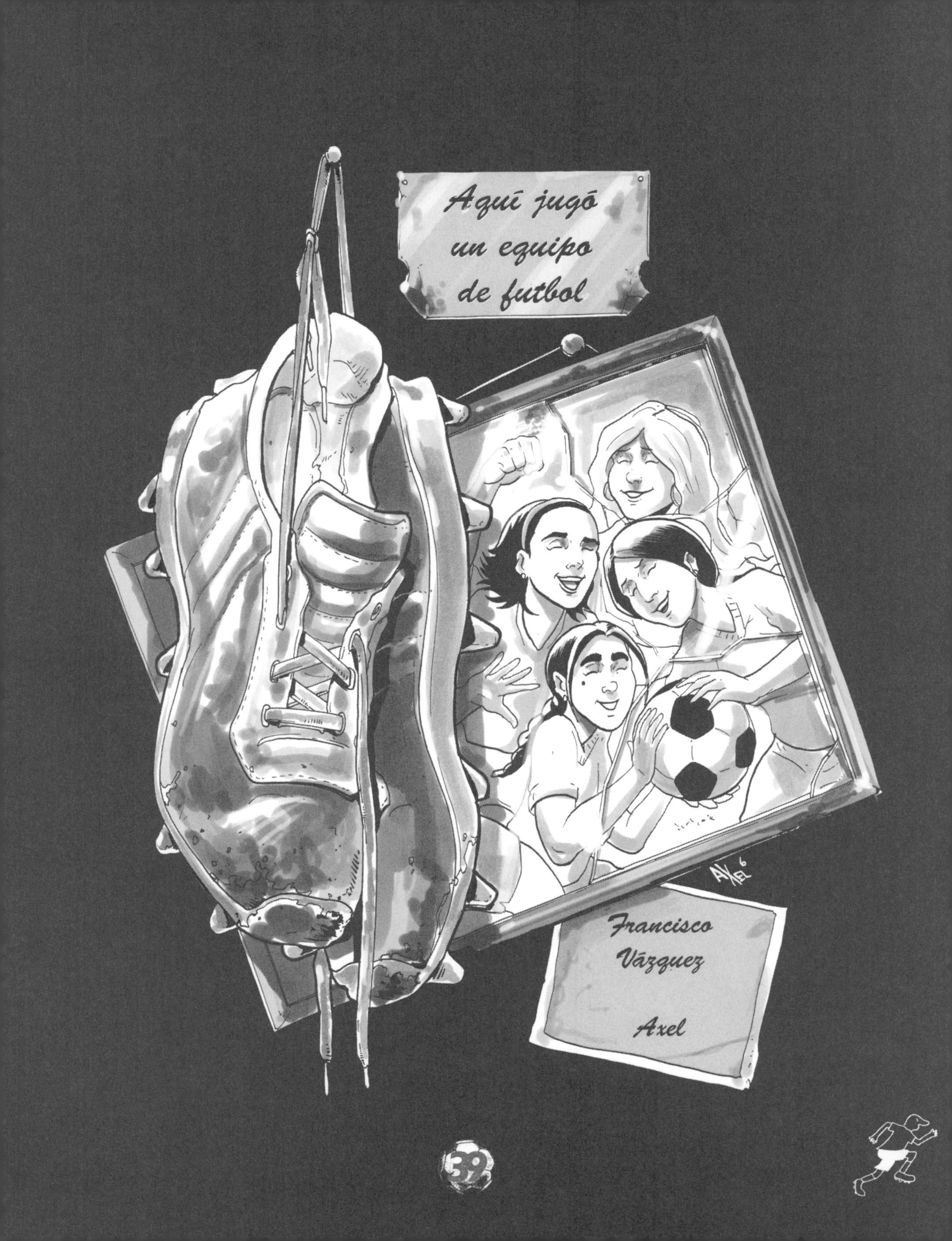

Aquí jugó un equipo de futbol
Francisco Vázquez
Axel

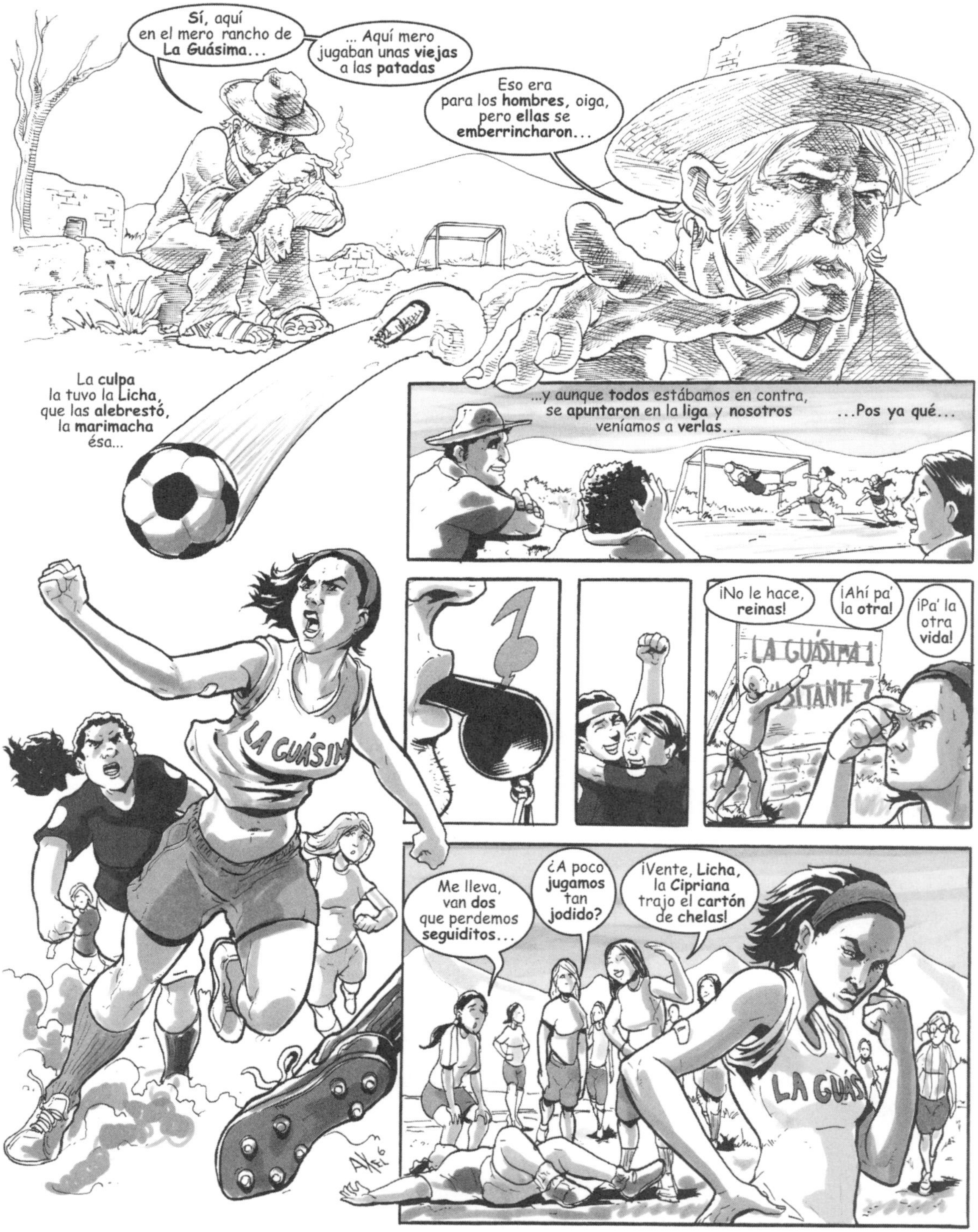

Sí, aquí en el mero rancho de La Guásima...
... Aquí mero jugaban unas viejas a las patadas
Eso era para los hombres, oiga, pero ellas se emberrincharon...
La culpa la tuvo la Licha, que las alebrestó, la marimacha ésa...
...y aunque todos estábamos en contra, se apuntaron en la liga y nosotros veníamos a verlas...
...Pos ya qué...
LA GUÁSIM
¡No le hace, reinas!
¡Ahí pa' la otra!
¡Pa' la otra vida!
LA GUÁSIMA 1
Me lleva, van dos que perdemos seguiditos...
¿A poco jugamos tan jodido?
¡Vente, Licha, la Cipriana trajo el cartón de chelas!
LA GUÁS

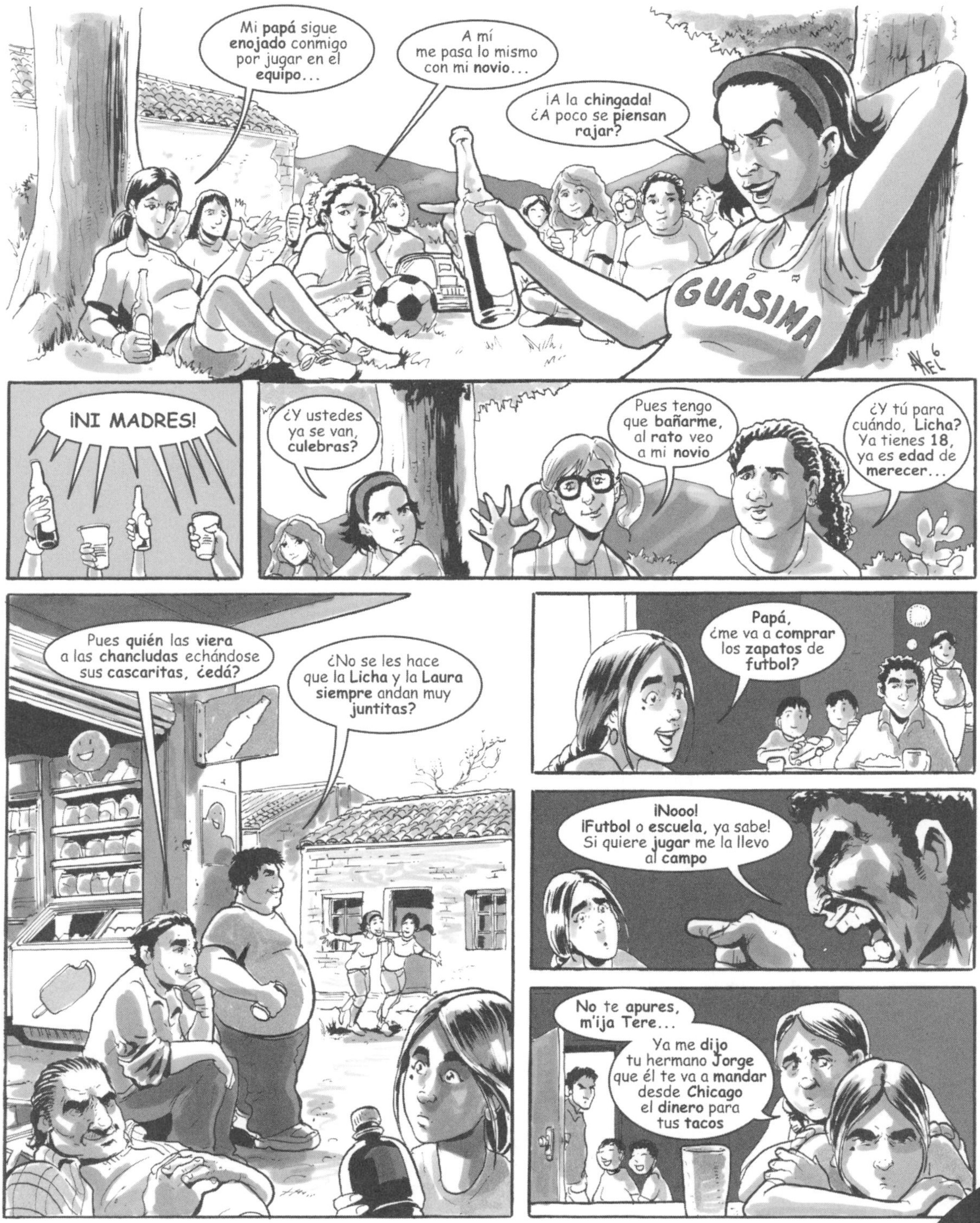
Mi papá sigue enojado conmigo por jugar en el equipo...
A mí me pasa lo mismo con mi novio...
¡A la chingada! ¿A poco se piensan rajar?
GUÁSIMA
¡NI MADRES!
¿Y ustedes ya se van, culebras?
Pues tengo que bañarme, al rato veo a mi novio
¿Y tú para cuándo, Licha? Ya tienes 18, ya es edad de merecer...
Pues quién las viera a las chancludas echándose sus cascaritas, ¿edá?
¿No se les hace que la Licha y la Laura siempre andan muy juntitas?
Papá, ¿me va a comprar los zapatos de futbol?
¡Nooo! ¡Futbol o escuela, ya sabe! Si quiere jugar me la llevo al campo
No te apures, m'ija Tere...
Ya me dijo tu hermano Jorge que él te va a mandar desde Chicago el dinero para tus tacos

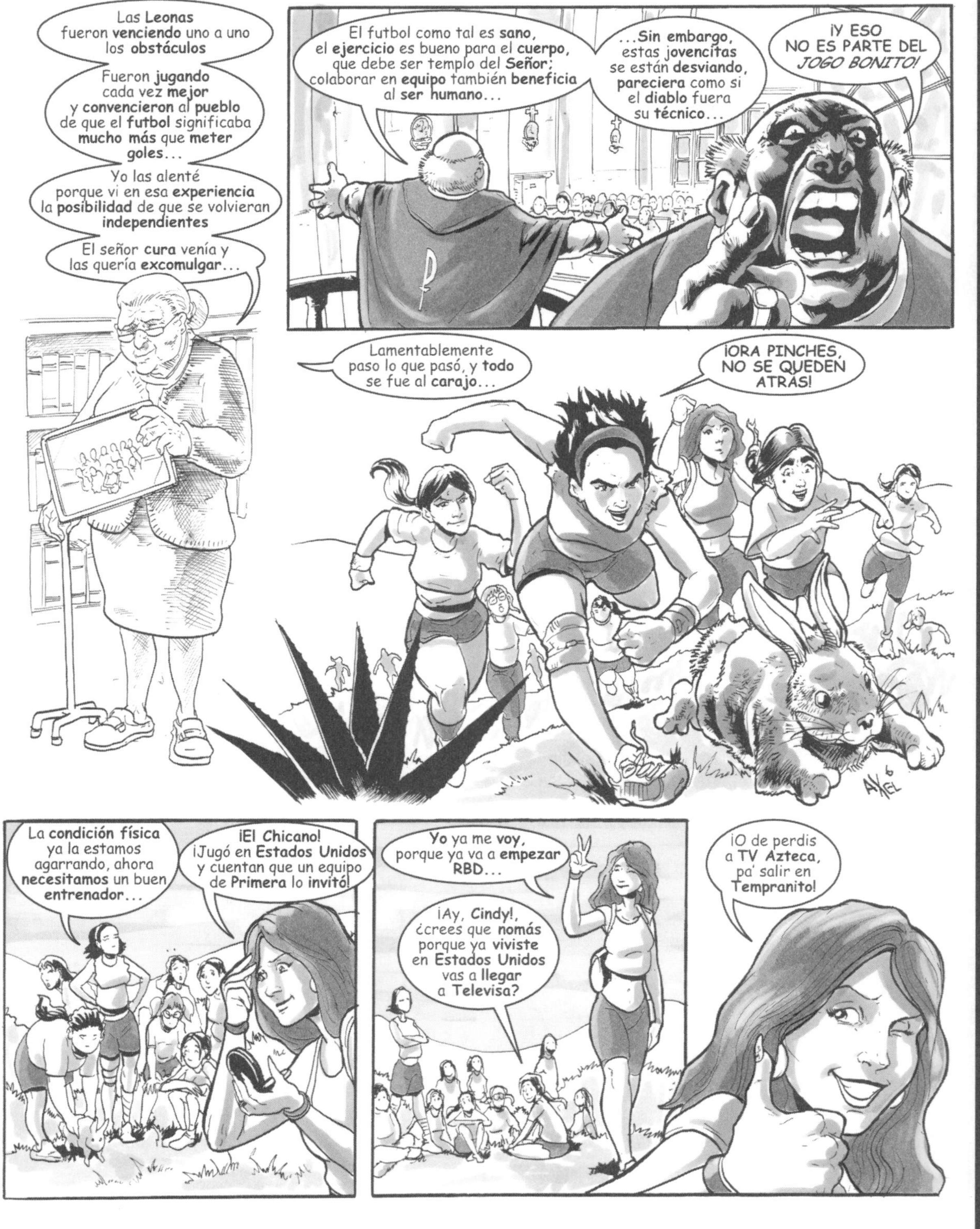
Las Leonas fueron venciendo uno a uno los obstáculos
Fueron jugando cada vez mejor y convencieron al pueblo de que el futbol significaba mucho más que meter goles...
Yo las alenté porque vi en esa experiencia la posibilidad de que se volvieran independientes
El señor cura venía y las quería excomulgar...
El futbol como tal es sano, el ejercicio es bueno para el cuerpo, que debe ser templo del Señor; colaborar en equipo también beneficia al ser humano...
...Sin embargo, estas jovencitas se están desviando, pareciera como si el diablo fuera su técnico...
¡Y ESO NO ES PARTE DEL JOGO BONITO!
Lamentablemente paso lo que pasó, y todo se fue al carajo...
¡ORA PINCHES, NO SE QUEDEN ATRÁS!
AXEL
La condición física ya la estamos agarrando, ahora necesitamos un buen entrenador...
¡El Chicano! ¡Jugó en Estados Unidos y cuentan que un equipo de Primera lo invitó!
Yo ya me voy, porque ya va a empezar RBD...
¡Ay, Cindy!, ¿crees que nomás porque ya viviste en Estados Unidos vas a llegar a Televisa?
¡O de perdis a TV Azteca, pa' salir en Tempranito!

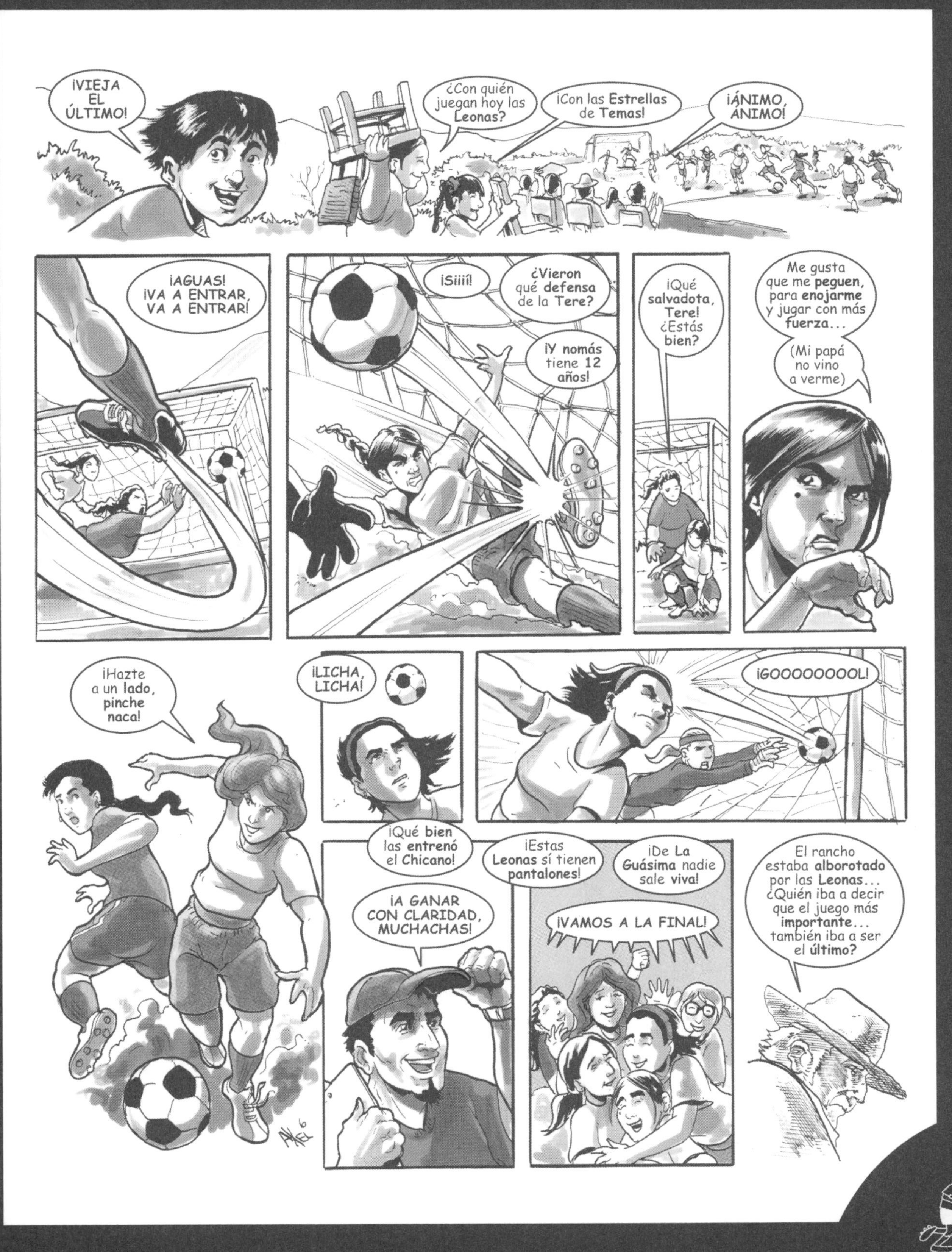

¡VIEJA EL ÚLTIMO!
¿Con quién juegan hoy las Leonas?
¡Con las Estrellas de Temas!
¡ÁNIMO, ÁNIMO!
¡AGUAS! ¡VA A ENTRAR, VA A ENTRAR!
¡Siiii!
¿Vieron qué defensa de la Tere?
¡Y nomás tiene 12 años!
¡Qué salvadota, Tere! ¿Estás bien?
Me gusta que me peguen, para enojarme y jugar con más fuerza...
(Mi papá no vino a verme)
¡Hazte a un lado, pinche naca!
¡LICHA, LICHA!
¡GOOOOOOOOL!
¡Qué bien las entrenó el Chicano!
¡Estas Leonas sí tienen pantalones!
¡De La Guásima nadie sale viva!
¡A GANAR CON CLARIDAD, MUCHACHAS!
¡VAMOS A LA FINAL!
El rancho estaba alborotado por las Leonas... ¿Quién iba a decir que el juego más importante... también iba a ser el último?

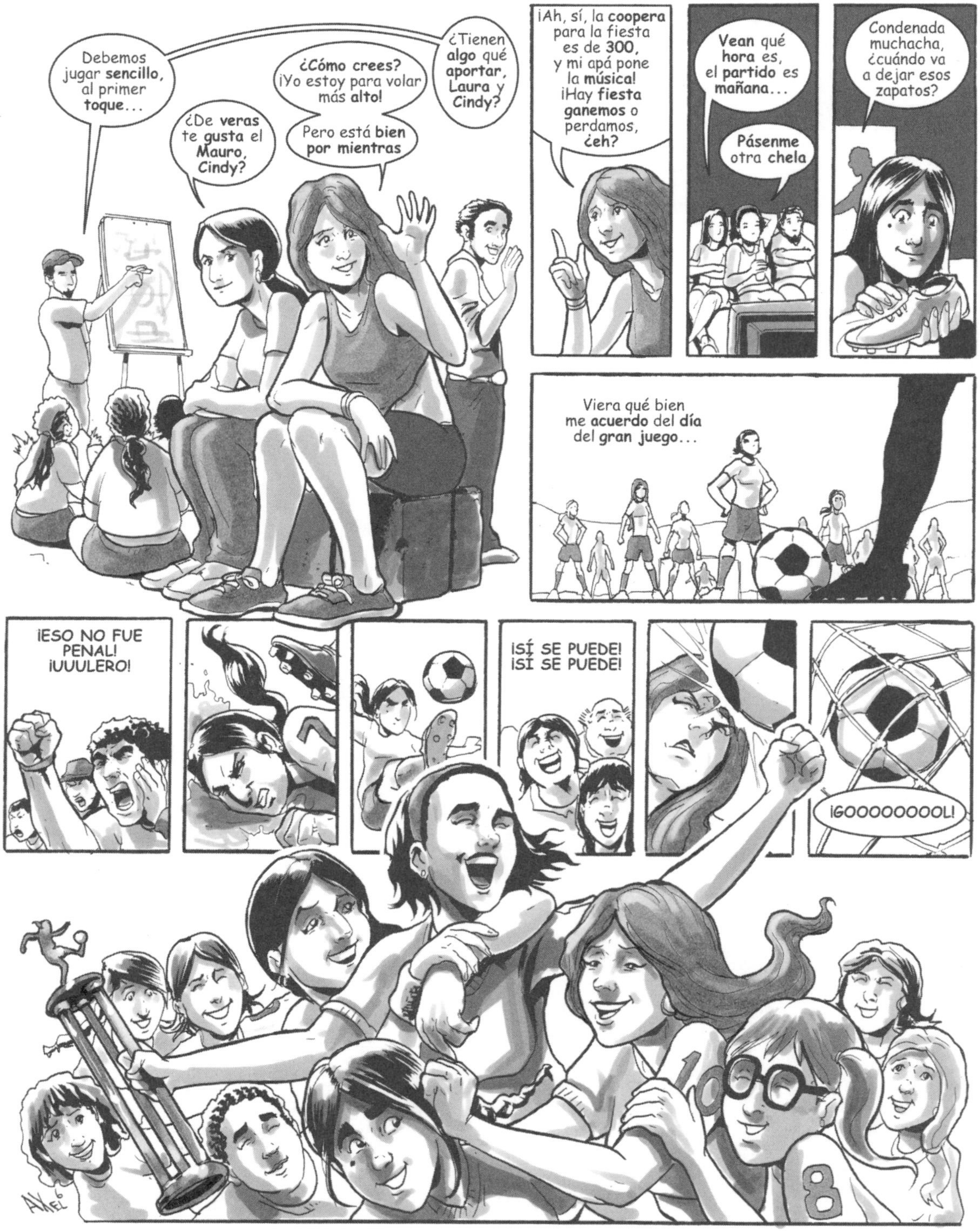
Debemos jugar sencillo, al primer toque...
¿De veras te gusta el Mauro, Cindy?
¿Cómo crees? ¡Yo estoy para volar más alto!
Pero está bien por mientras
¿Tienen algo qué aportar, Laura y Cindy?
¡Ah, sí, la coopera para la fiesta es de 300, y mi apá pone la música! ¡Hay fiesta ganemos o perdamos, ¿eh?
Vean qué hora es, el partido es mañana...
Pásenme otra chela
Condenada muchacha, ¿cuándo va a dejar esos zapatos?
Viera qué bien me acuerdo del día del gran juego...
¡ESO NO FUE PENAL! ¡UUULERO!
¡SÍ SE PUEDE! ¡SÍ SE PUEDE!
¡GOOOOOOOOL!

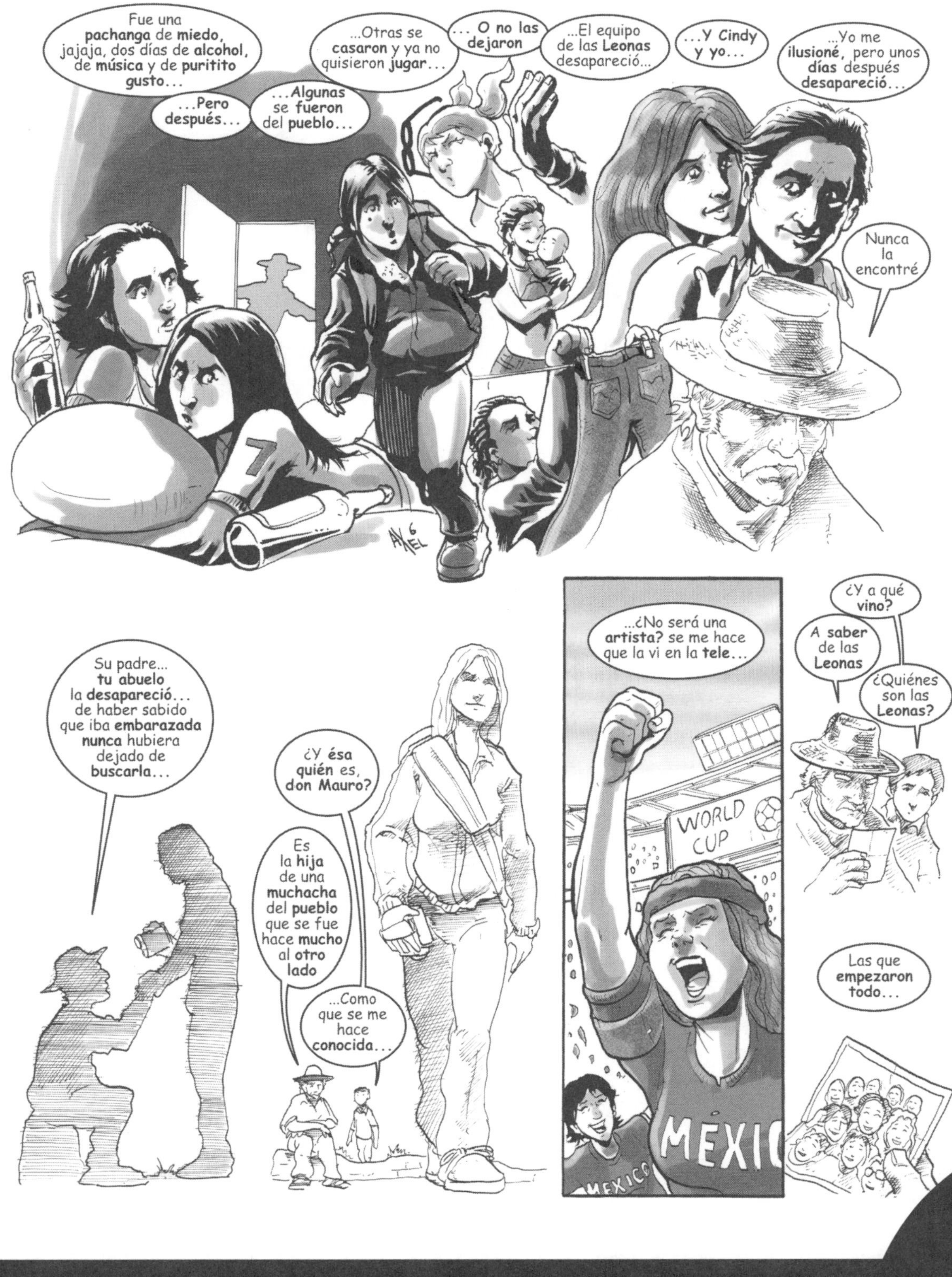

Fue una pachanga de miedo, jajaja, dos días de alcohol, de música y de puritito gusto...
...Pero después...
...Algunas se fueron del pueblo...
...Otras se casaron y ya no quisieron jugar...
... O no las dejaron
...El equipo de las Leonas desapareció...
...Y Cindy y yo...
...Yo me ilusioné, pero unos días después desapareció...
Nunca la encontré
AXEL 6
Su padre... tu abuelo la desapareció... de haber sabido que iba embarazada nunca hubiera dejado de buscarla...
¿Y ésa quién es, don Mauro?
Es la hija de una muchacha del pueblo que se fue hace mucho al otro lado
...Como que se me hace conocida...
...¿No será una artista? se me hace que la vi en la tele...
WORLD CUP
MEXICO
MEXICO
¿Y a qué vino?
A saber de las Leonas
¿Quiénes son las Leonas?
Las que empezaron todo...

¿QUIÉN ES EL MAYOR ANOTADOR EN LA HISTORIA DE LAS COPAS DEL MUNDO?

Ronaldo Luis Nazario de Lima

ENTRE PELÉ Y RONALDINHO, LA CHICA DE IPANEMA

TEXTOS: ÓSCAR TAGLE / **ILUSTRACIONES: ORLANDO LÓPEZ**

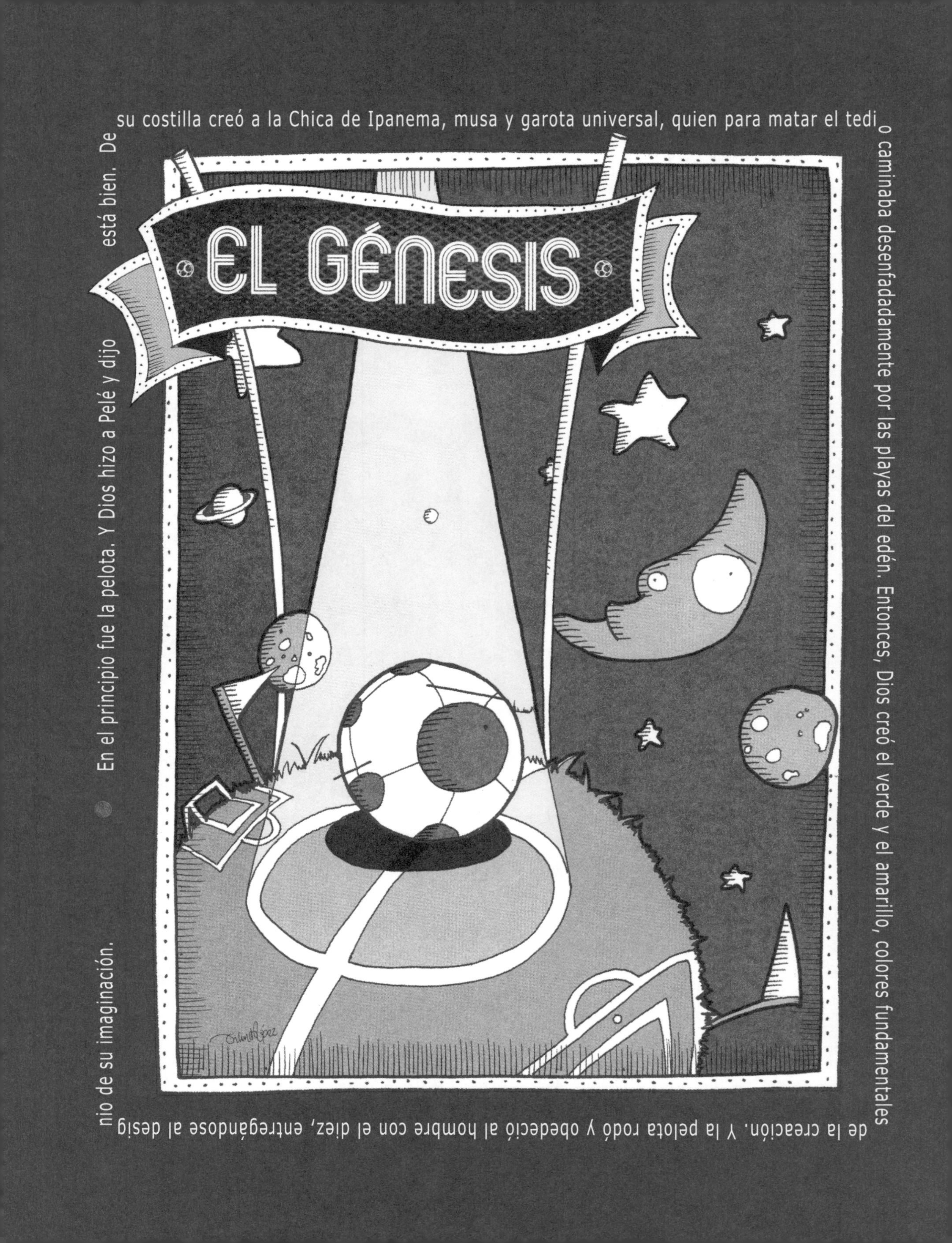
EL GÉNESIS

En el principio fue la pelota. Y Dios hizo a Pelé y dijo está bien. De su costilla creó a la Chica de Ipanema, musa y garota universal, quien para matar el tedio caminaba desenfadadamente por las playas del edén. Entonces, Dios creó el verde y el amarillo, colores fundamentales de la creación. Y la pelota rodó y obedeció al hombre con el diez, entregándose al designio de su imaginación.

Antes de Pelé existió la penumbra, el preámbulo, la nada; el Maracanazo, pecado original, trauma o *bigbang* detonador. Los profetas Leónidas, Zezé, Ademir anticiparon en Suiza 1954 el porvenir. En Suecia 1958, Brasil conquistó al mundo y a los 17 años "O Rei" inició su vida pública y la prédica de su palabra rodante de parábolas y metáforas goleras.

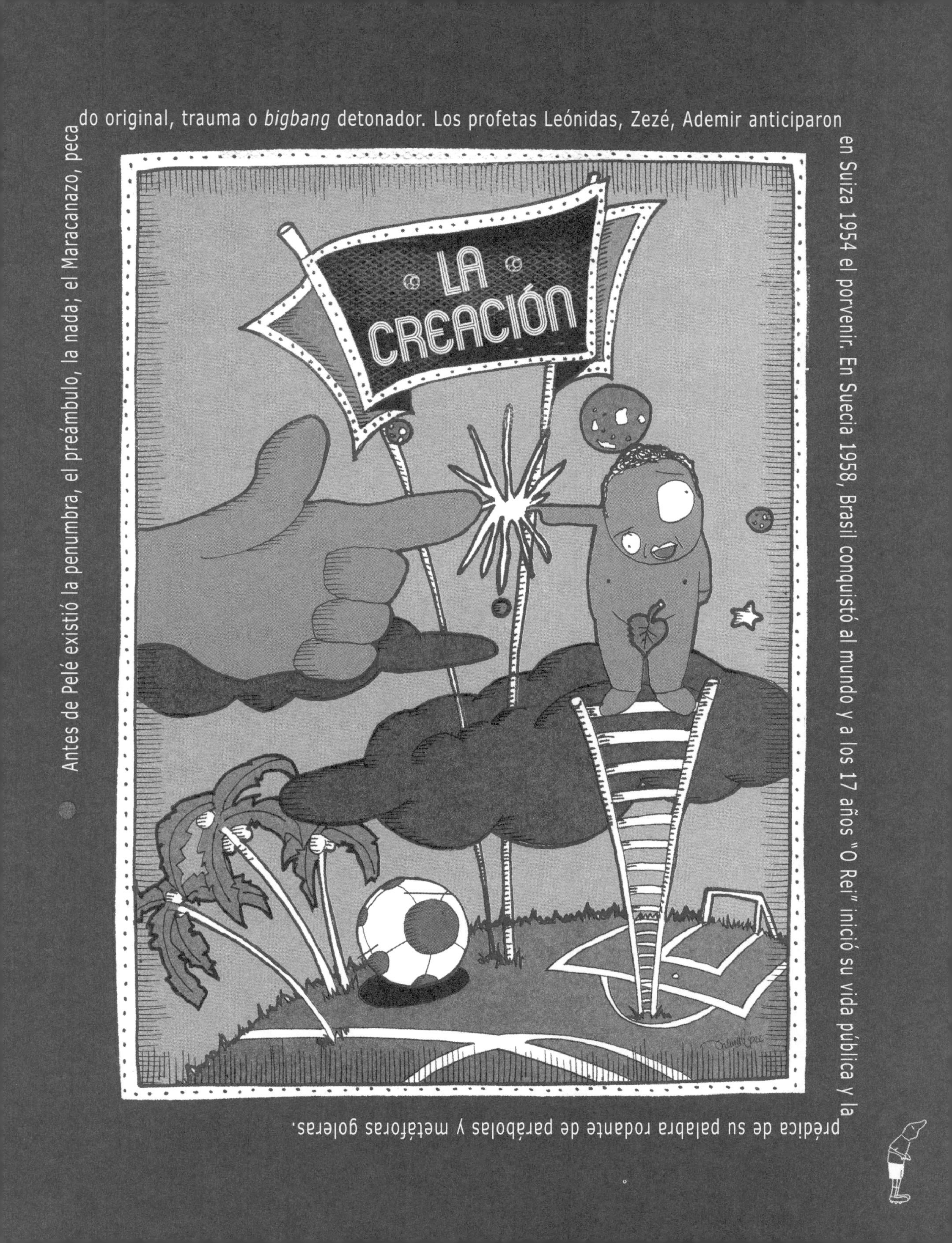
LA CREACIÓN

Pelé vino a su gente y su gente lo reconoció. La multitud lo bautizó, "O Rei", quien dominó tiempo y espacio por todo su reino que vino a nombrar futbol. A él se entregó y su espíritu se prodigó por toda la tierra prometida llamada cancha, lugar de trance y movimiento estético para expandir la fe por todo el mundo. Religión única de música y magia, santería esférica en que la comunión con ese Dios vino a llamarse gol, del cual Pelé realizó mil y tantas réplicas, todas diversas, bellas, exóticas, irrepetibles.

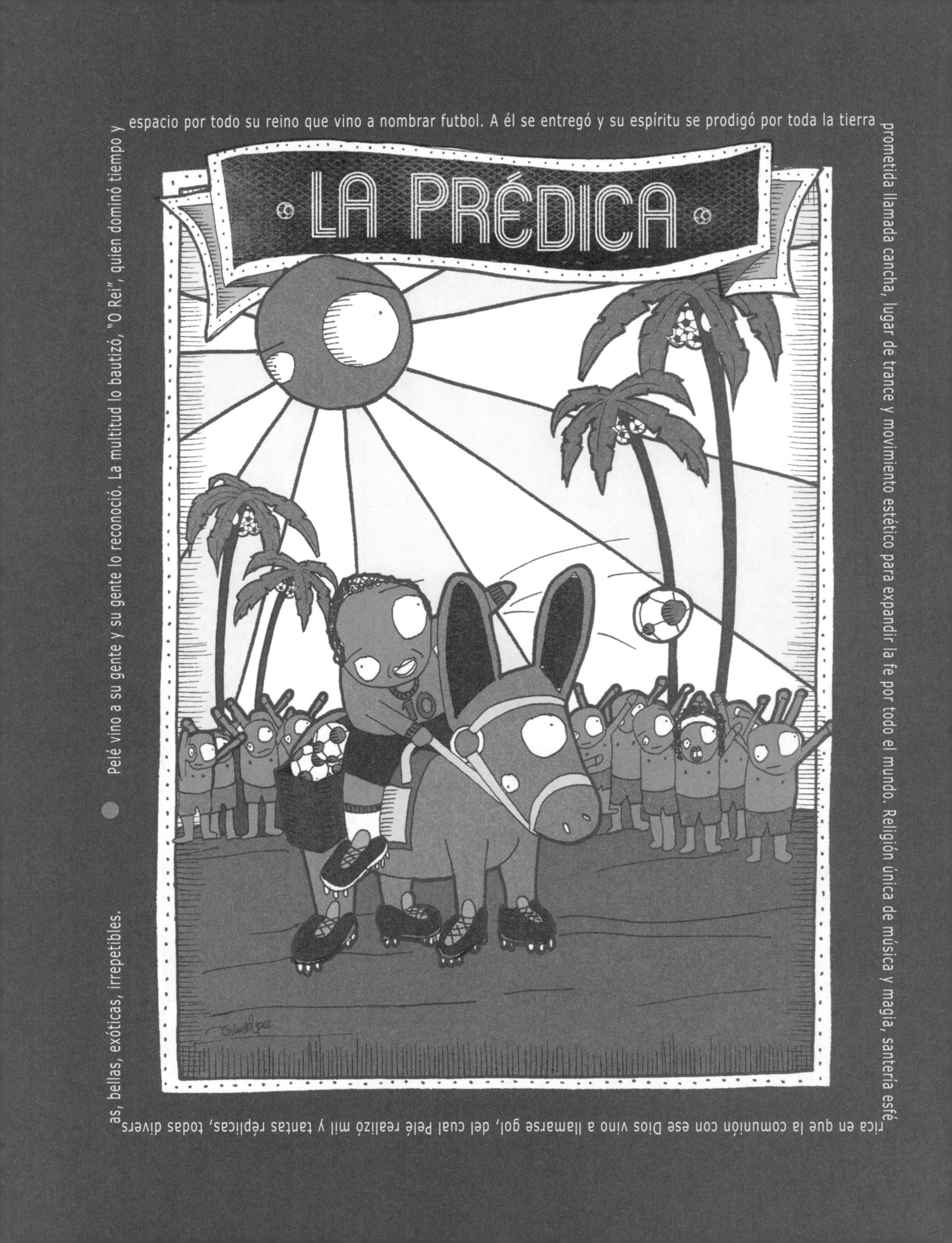
LA PRÉDICA
10

Tierra fértil para la poesía y la cadencia. Toque sutil, pies descalzos, origen. Terrenos en los que la pelota siente la caricia de quien sabe dominarla: pie y pelota voltean la gravedad. El enviado del creador sucumbe al paso del tiempo, pero su ejemplo es semilla de la que germinan generaciones de gambeteros contagiados por su espíritu. Playas y cocoteros. Samba y bikinis; bossa nova al espíritu y cachaza para bendecir.

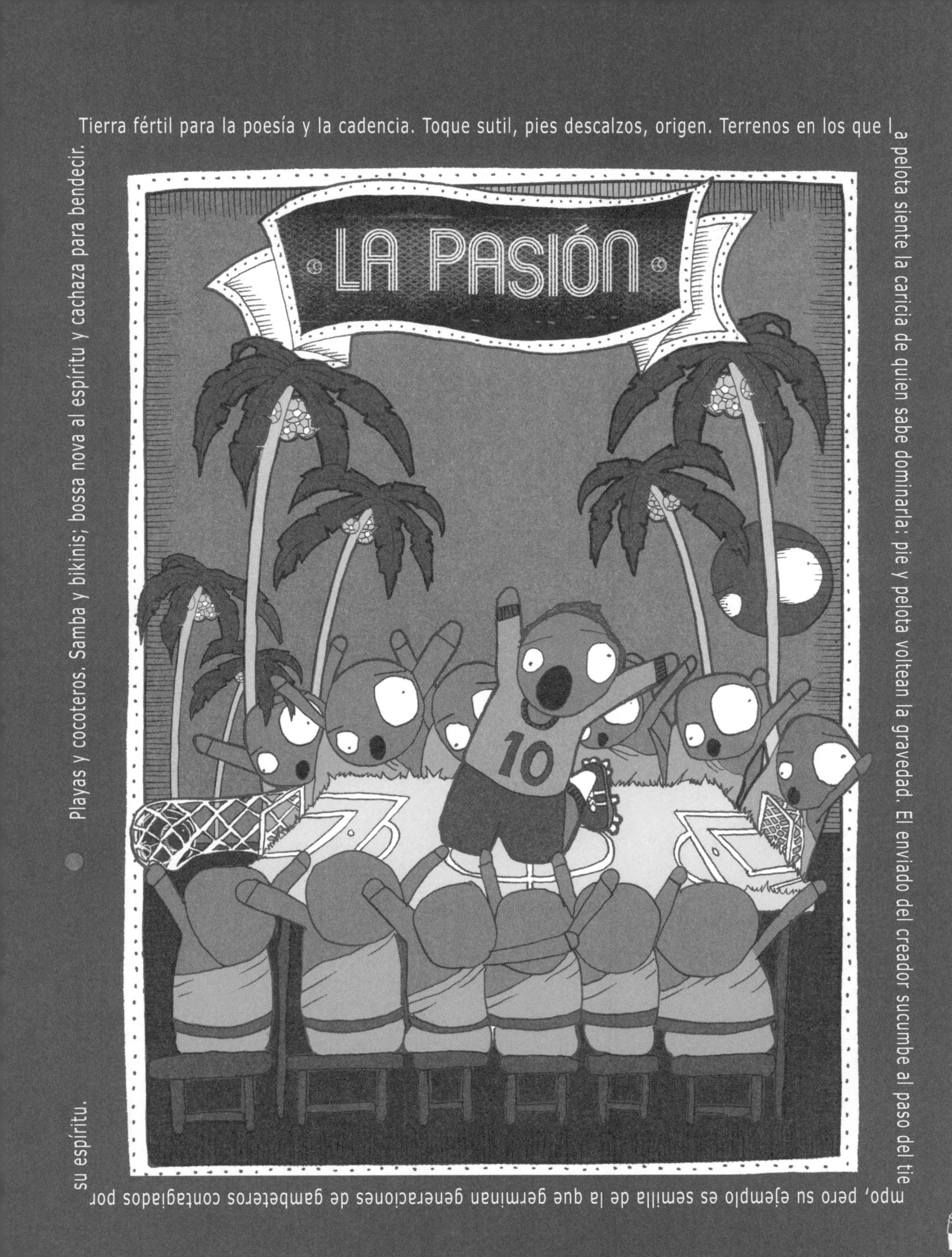
LA PASIÓN
10

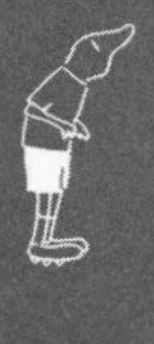

uardias y futbol. Los vasos comunicantes entre cubismo y goles poliedro; los vínculos entre los p

dar al mundo, al toque impredicible.

LA RESURRECCIÓN

El juego como arte. Los sentidos desatados imaginan pensamientos redondos. Vang

futbolero, carnaval. Nada por aquí, nada por allá, salvo la pelota agonizante al fondo del arco. Brasil impone su ley y hace ro

te la jugada; cajita de cerillos sonando, clave de una samba goleadora, danza del orgasmo

oemas abstractos y la magia, la marunga, el chanflazo mortal, hipérbole de un zurdo que cierra los ojos para anticipar en su men

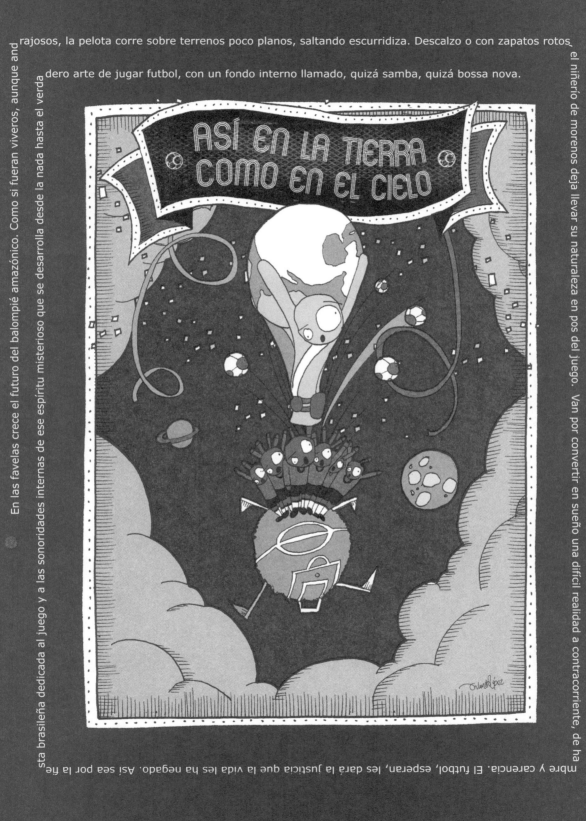

En las favelas crece el futuro del balompié amazónico. Como si fueran viveros, aunque andrajosos, la pelota corre sobre terrenos poco planos, saltando escurridiza. Descalzo o con zapatos rotos el niñerío de morenos deja llevar su naturaleza en pos del juego. Van por convertir en sueño una difícil realidad a contracorriente, de hambre y carencia. El futbol, esperan, les dará la justicia que la vida les ha negado. Así sea por la fiesta brasileña dedicada al juego y a las sonoridades internas de ese espíritu misterioso que se desarrolla desde la nada hasta el verdadero arte de jugar futbol, con un fondo interno llamado, quizá samba, quizá bossa nova.

ASÍ EN LA TIERRA
COMO EN EL CIELO

¿QUÉ JUGADOR COLOMBIANO FUE ASESINADO POR METER UN AUTOGOL JUGANDO CONTRA ESTADOS UNIDOS EN 1994?

Alberto Escobar / Defensa

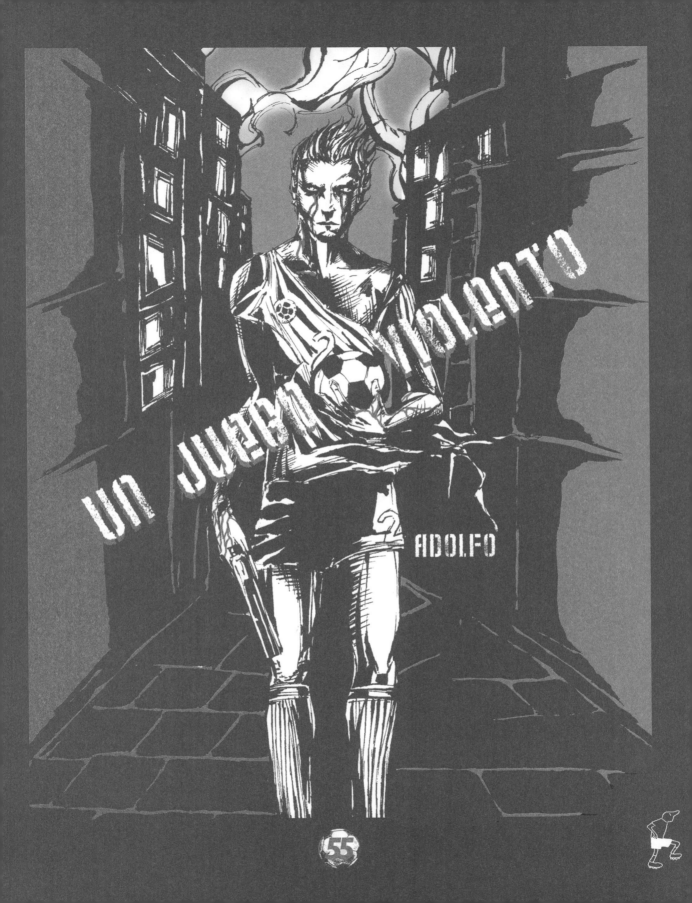

UN JUEGO VIOLENTO

ADOLFO

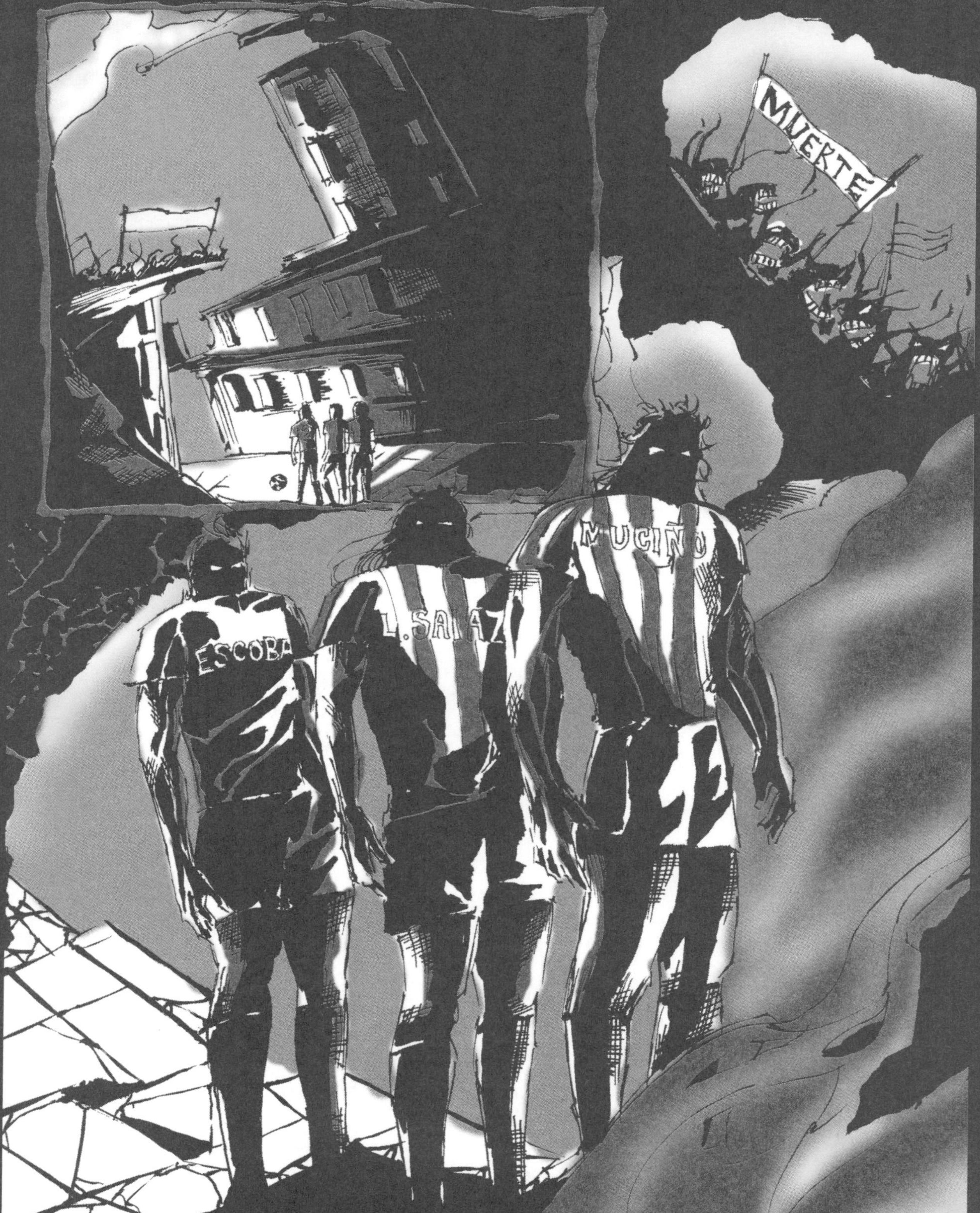
MUERTE
ESCOBA
MUCIÑO

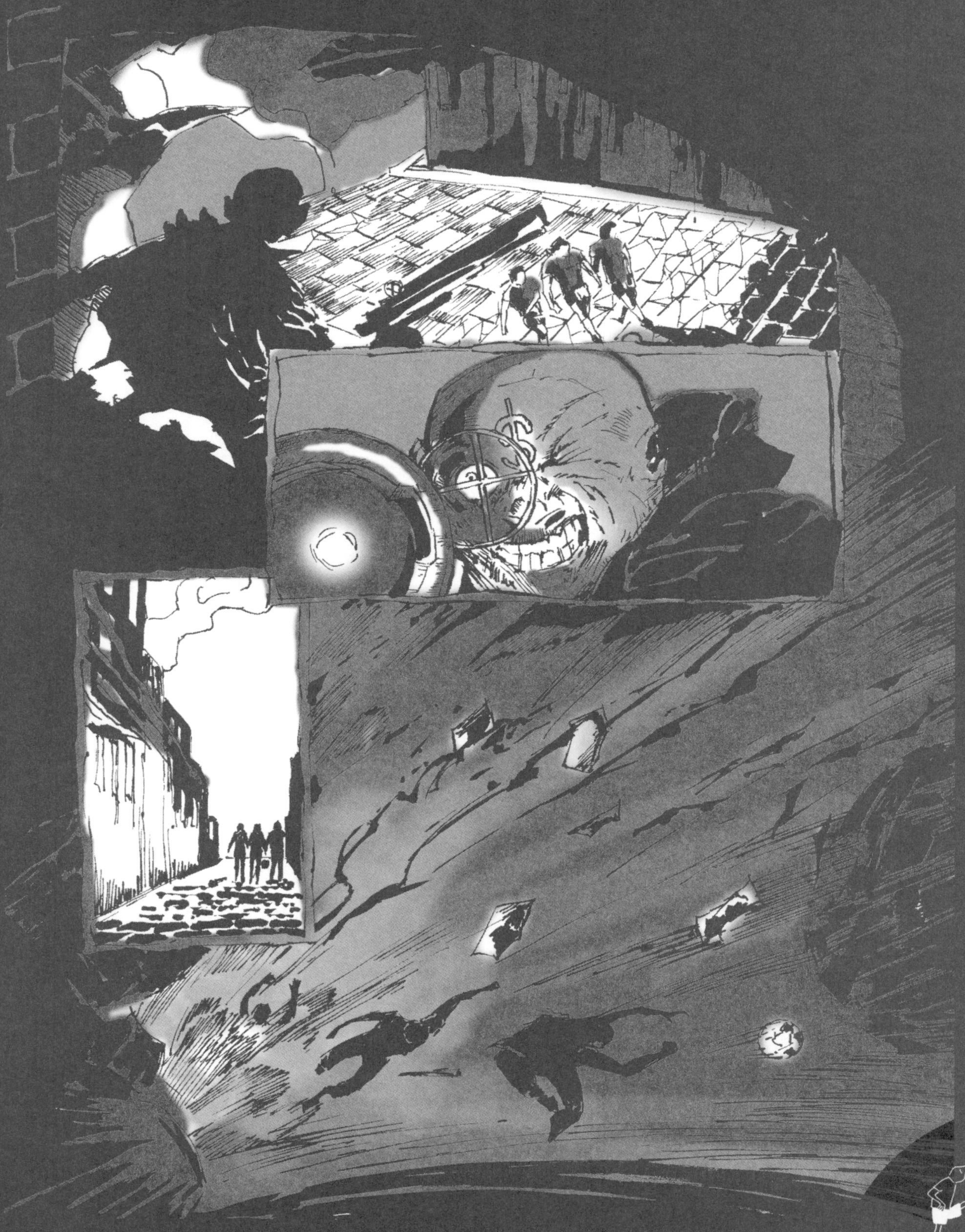

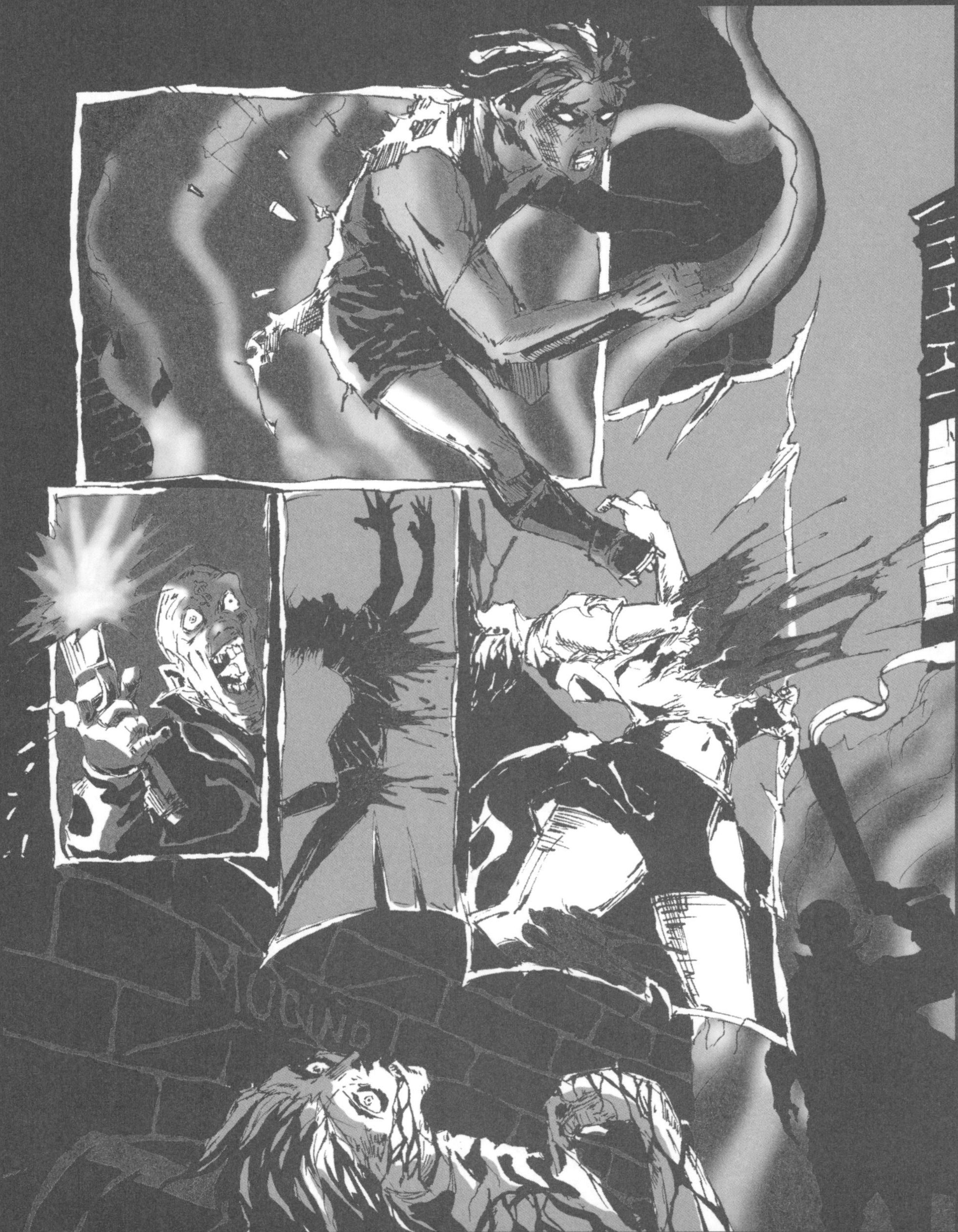

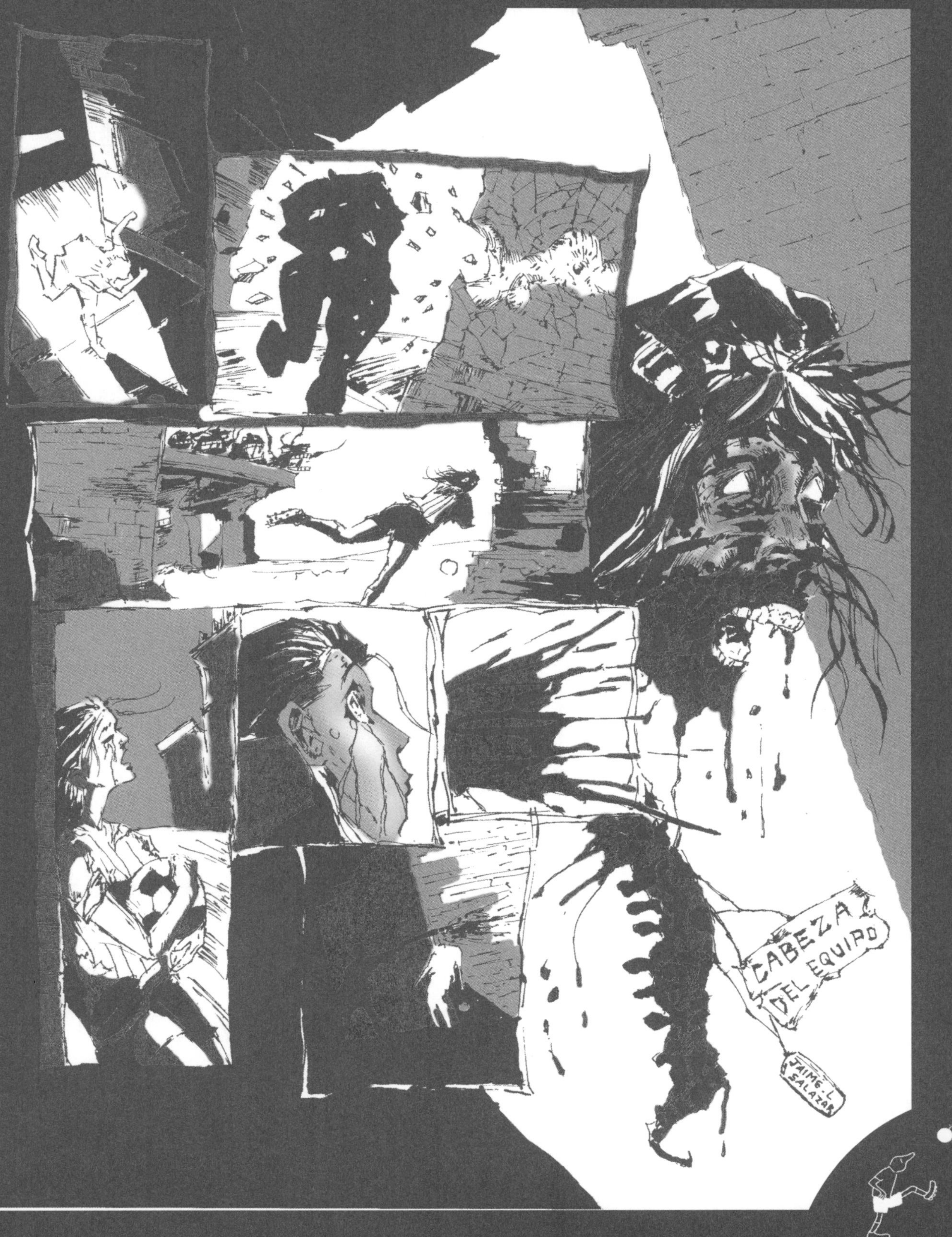
CABEZA DEL EQUIPO
JAIME L SALAZAR

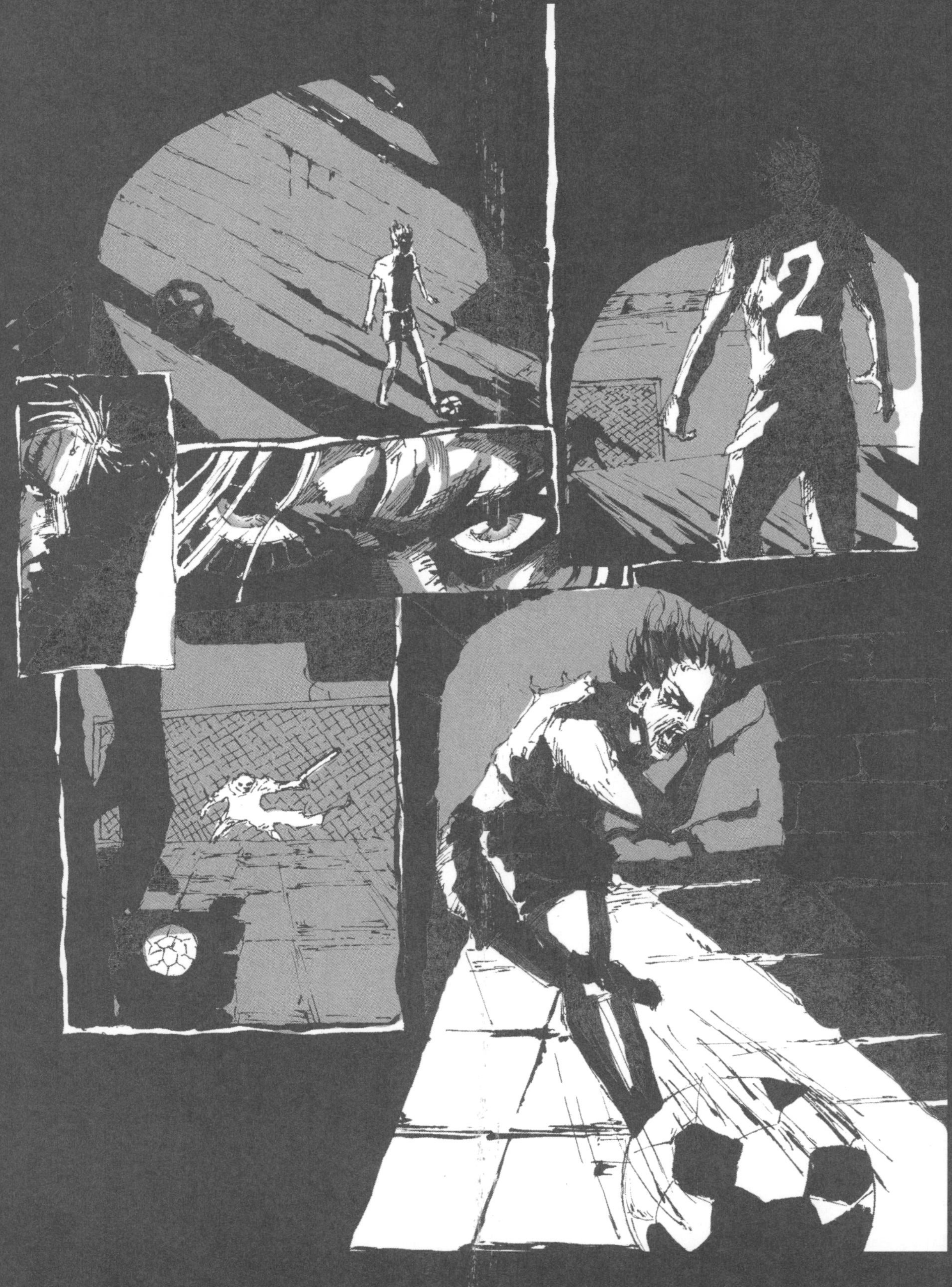

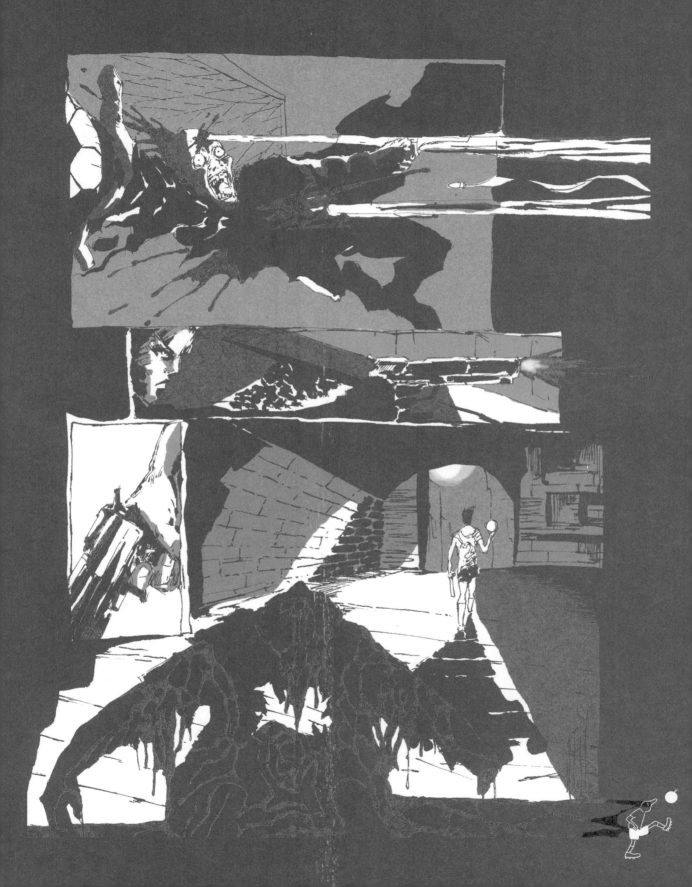

¿QUIÉN FUE EL CRACK HOLANDÉS ESTRELLA DE LA "NARANJA MECÁNICA" EN ALEMANIA 74?

Johan Cruyff

EL MISTERIOSO VÉRTIGO DE LA MARANJA MECÁNICA

GUIÓN: ENRIQUE BLANC   MONOS: COQS

EN 1974 YO CONTABA CON LA CABALÍSTICA EDAD DE 13 AÑOS Y MI VIDA RONDABA ALREDEDOR DEL FUTBOL; LITERALMENTE DESAYUNABA, COMÍA Y MERENDABA FUTBOL.

LA COLONIA CHAPALITA AÚN ESTABA PLAGADA DE LOTES BALDÍOS EN LOS QUE, COMO EN EL VIEJO OESTE, TROTABA GANADO APARENTEMENTE SIN DUEÑO.

PARA MI FORTUNA, LA CASA DE SAN JUAN BOSCO 3650 EN LA QUE VIVÍA MI FAMILIA, ESTABA SITUADA ENTRE DOS CAMPOS DE FUTBOL.

LA CANCHA DE LOS AGUSTINOS ERA UNA ENORME EXTENSIÓN DE TERRENO, EN SU MAYORÍA CUBIERTO DE TIERRA FLOJA, CASI DE CONSISTENCIA ARENOSA Y UNA PORTERÍA DE MADERA BARATA EN CADA UNO DE SUS EXTREMOS.

YO Y LA GRAN MAYORÍA DE ADOLESCENTES DE LA COLONIA EVADÍAMOS ESQUINAS Y VECINAS DE NUESTRO PELO, PARA DEDICARNOS MAÑANA, TARDE Y NOCHE A PATEAR UN BALÓN.

CASO CONTRARIO, LA DE LOS PANIAGUA, A ESPALDAS DE LA CASA DE MIS PADRES, ERA UNA CANCHA LUJOSAMENTE EMPASTADA QUE CONTABA CON REDES EN LAS PORTERÍAS Y UNAS ALTAS FAROLAS QUE MUY A MENUDO NOS PERMITÍAN SEGUIR JUGANDO YA ENTRADA LA NOCHE.

ENTONCES LLEGÓ EL MUNDIAL.

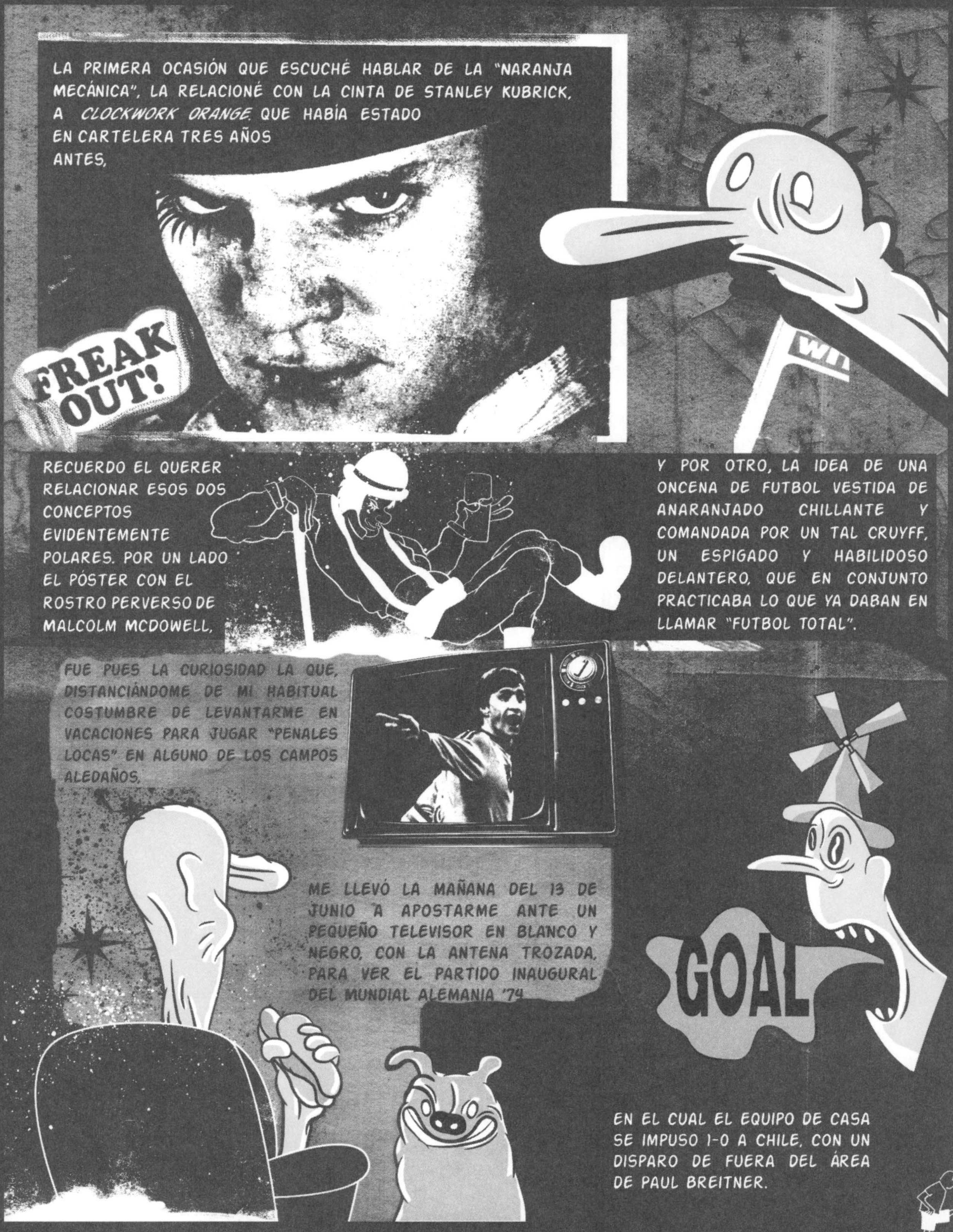
LA PRIMERA OCASIÓN QUE ESCUCHÉ HABLAR DE LA "NARANJA MECÁNICA", LA RELACIONÉ CON LA CINTA DE STANLEY KUBRICK, A CLOCKWORK ORANGE, QUE HABÍA ESTADO EN CARTELERA TRES AÑOS ANTES,
FREAK OUT!
RECUERDO EL QUERER RELACIONAR ESOS DOS CONCEPTOS EVIDENTEMENTE POLARES. POR UN LADO EL PÓSTER CON EL ROSTRO PERVERSO DE MALCOLM MCDOWELL,
Y POR OTRO, LA IDEA DE UNA ONCENA DE FUTBOL VESTIDA DE ANARANJADO CHILLANTE Y COMANDADA POR UN TAL CRUYFF, UN ESPIGADO Y HABILIDOSO DELANTERO, QUE EN CONJUNTO PRACTICABA LO QUE YA DABAN EN LLAMAR "FUTBOL TOTAL".
FUE PUES LA CURIOSIDAD LA QUE, DISTANCIÁNDOME DE MI HABITUAL COSTUMBRE DE LEVANTARME EN VACACIONES PARA JUGAR "PENALES LOCAS" EN ALGUNO DE LOS CAMPOS ALEDAÑOS,
ME LLEVÓ LA MAÑANA DEL 13 DE JUNIO A APOSTARME ANTE UN PEQUEÑO TELEVISOR EN BLANCO Y NEGRO, CON LA ANTENA TROZADA, PARA VER EL PARTIDO INAUGURAL DEL MUNDIAL ALEMANIA '74
GOAL
EN EL CUAL EL EQUIPO DE CASA SE IMPUSO 1-0 A CHILE, CON UN DISPARO DE FUERA DEL ÁREA DE PAUL BREITNER.

DOS DÍAS DESPUÉS HOLANDA, LA MISMÍSIMA "NARANJA MECÁNICA", SE ESTRENABA VENCIENDO A URUGUAY 2-0 Y DEMOSTRANDO SU MANERA APABULLANTE DE CIRCULAR EL BALÓN CON TOQUES RÁPIDOS Y CERTEROS,

EN UNA DINÁMICA SORPRENDENTE EN LA QUE DEMOCRÁTICAMENTE PARTICIPABAN TODOS SUS JUGADORES.

A MITAD DE LOS SETENTA ALGUIEN TUVO EL DESCARO DE LLEGAR CON UN CONCEPTO. ATREVIMIENTO QUE EN PRINCIPIO PARECÍA SOFISTICAR UN DEPORTE QUE PASABA DE JUGARSE CON LOS PIES, A HACERLO CON LA CABEZA: "FUTBOL TOTAL".

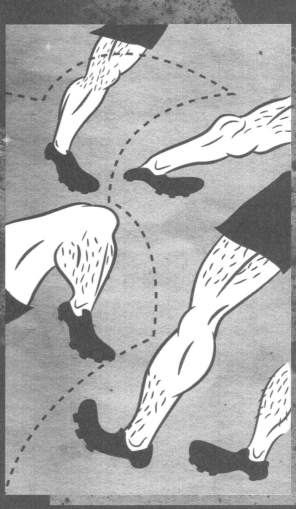

EN LA IDEA DE "LA ILUSTRACIÓN", "EL POSMODERNISMO", "LA CHANSON FRANCAISE" O "EL DEEP HOUSE", EL TÉRMINO "FUTBOL TOTAL" ALUDÍA A UNA ABSTRACCIÓN. ¿QUÉ SIGNIFICABA? SU FÓRMULA EN EL PAPEL PARECÍA SIMPLE PERO ESTABA DISEÑADA EXCLUSIVAMENTE PARA QUE SÓLO ONCE HOMBRES EN EL PLANETA PUDIERAN LLEVARLA A CABO. HABÍA MUCHAS MANERAS DE INTENTAR EXPLICARLA: DEMOCRACIA FUTBOLERA, DINAMISMO MAQUINAL, ROTACIÓN INSTINTIVA, ETCÉTERA.

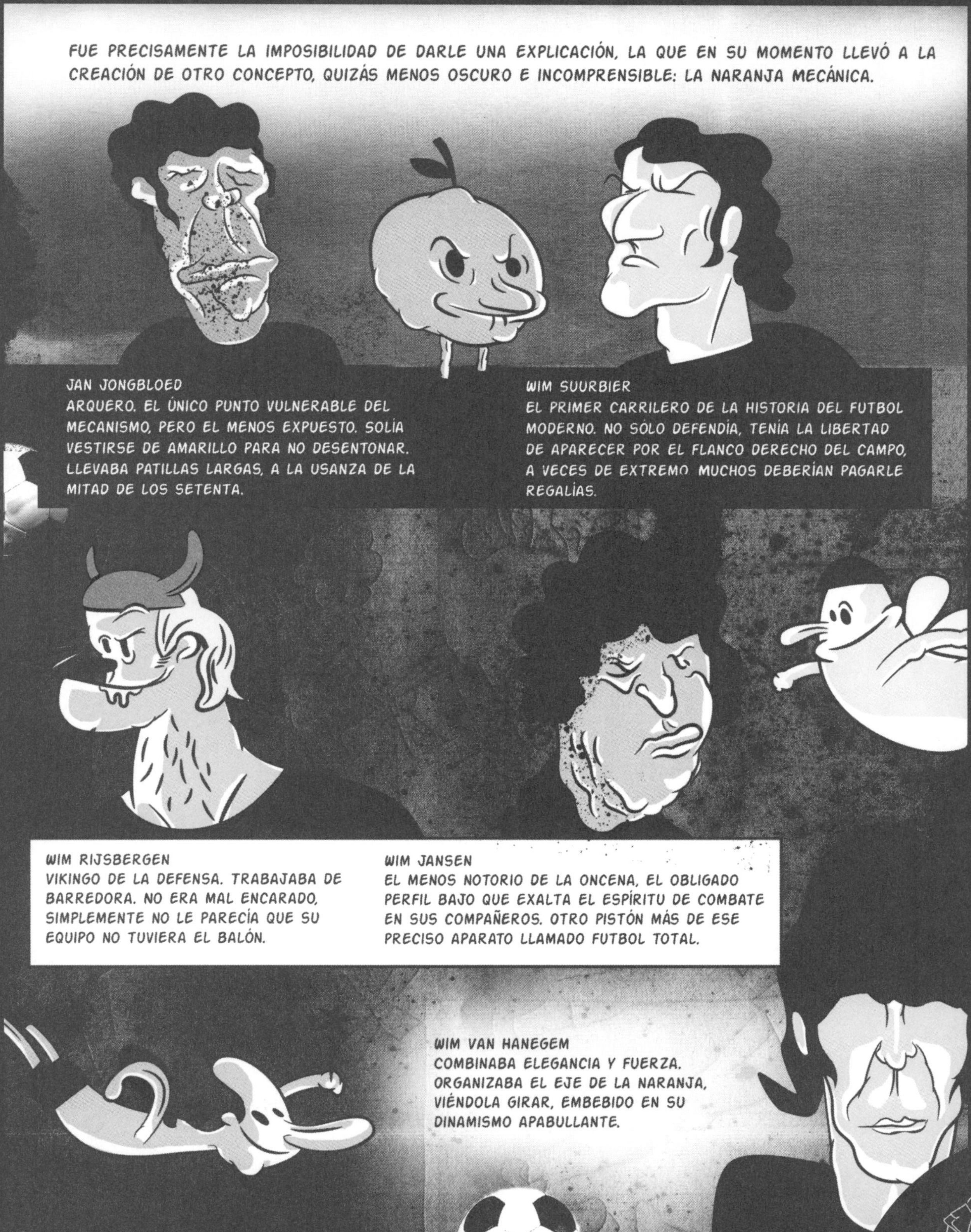
FUE PRECISAMENTE LA IMPOSIBILIDAD DE DARLE UNA EXPLICACIÓN, LA QUE EN SU MOMENTO LLEVÓ A LA CREACIÓN DE OTRO CONCEPTO, QUIZÁS MENOS OSCURO E INCOMPRENSIBLE: LA NARANJA MECÁNICA.
JAN JONGBLOED
ARQUERO. EL ÚNICO PUNTO VULNERABLE DEL MECANISMO, PERO EL MENOS EXPUESTO. SOLÍA VESTIRSE DE AMARILLO PARA NO DESENTONAR. LLEVABA PATILLAS LARGAS, A LA USANZA DE LA MITAD DE LOS SETENTA.
WIM SUURBIER
EL PRIMER CARRILERO DE LA HISTORIA DEL FUTBOL MODERNO. NO SÓLO DEFENDÍA, TENÍA LA LIBERTAD DE APARECER POR EL FLANCO DERECHO DEL CAMPO, A VECES DE EXTREMO. MUCHOS DEBERÍAN PAGARLE REGALÍAS.
WIM RIJSBERGEN
VIKINGO DE LA DEFENSA. TRABAJABA DE BARREDORA. NO ERA MAL ENCARADO, SIMPLEMENTE NO LE PARECÍA QUE SU EQUIPO NO TUVIERA EL BALÓN.
WIM JANSEN
EL MENOS NOTORIO DE LA ONCENA, EL OBLIGADO PERFIL BAJO QUE EXALTA EL ESPÍRITU DE COMBATE EN SUS COMPAÑEROS. OTRO PISTÓN MÁS DE ESE PRECISO APARATO LLAMADO FUTBOL TOTAL.
WIM VAN HANEGEM
COMBINABA ELEGANCIA Y FUERZA. ORGANIZABA EL EJE DE LA NARANJA, VIÉNDOLA GIRAR, EMBEBIDO EN SU DINAMISMO APABULLANTE.

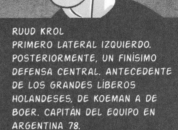

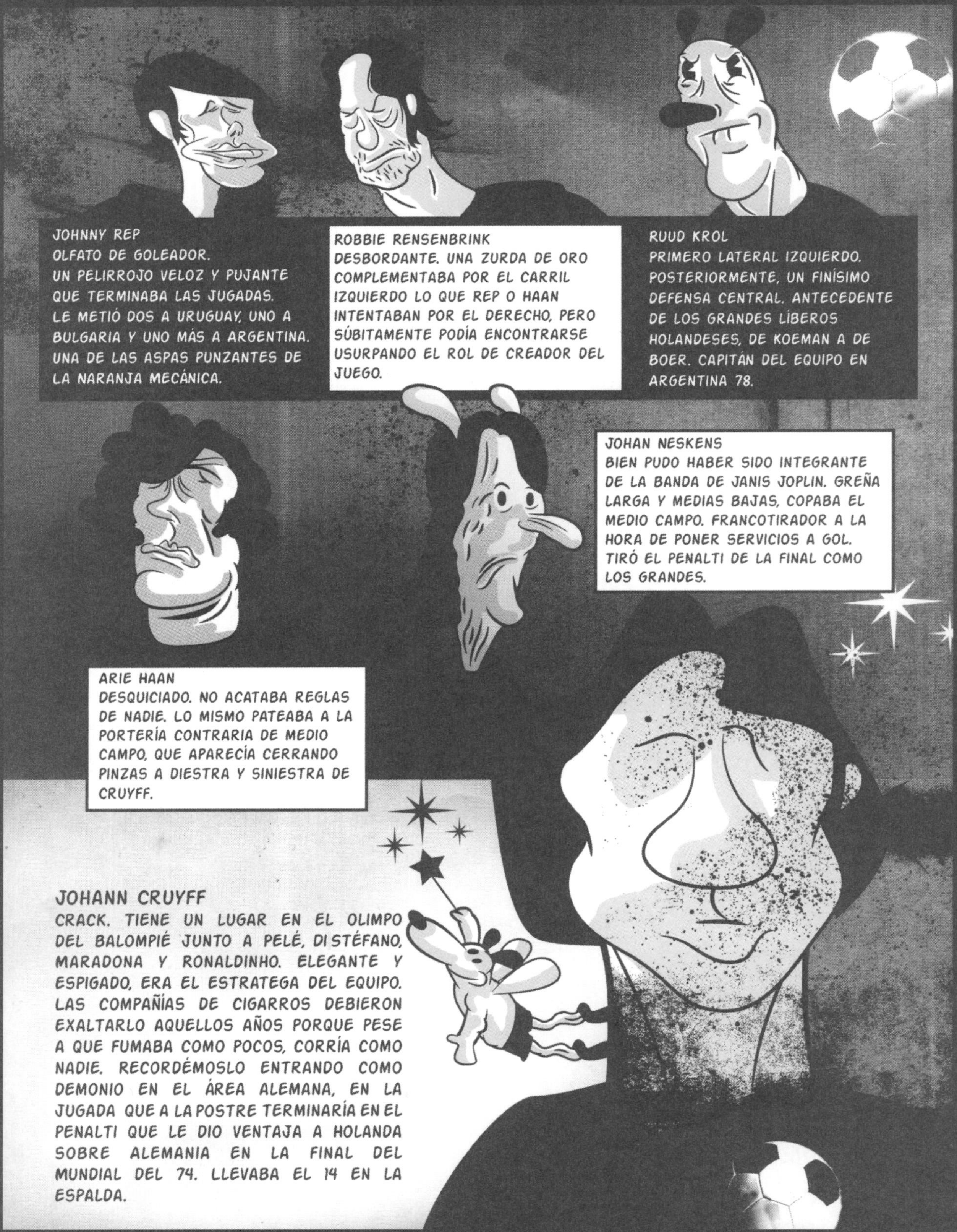

JOHNNY REP
OLFATO DE GOLEADOR.
UN PELIRROJO VELOZ Y PUJANTE
QUE TERMINABA LAS JUGADAS.
LE METIÓ DOS A URUGUAY, UNO A
BULGARIA Y UNO MÁS A ARGENTINA.
UNA DE LAS ASPAS PUNZANTES DE
LA NARANJA MECÁNICA.

ROBBIE RENSENBRINK
DESBORDANTE. UNA ZURDA DE ORO
COMPLEMENTABA POR EL CARRIL
IZQUIERDO LO QUE REP O HAAN
INTENTABAN POR EL DERECHO, PERO
SÚBITAMENTE PODÍA ENCONTRARSE
USURPANDO EL ROL DE CREADOR DEL
JUEGO.

RUUD KROL
PRIMERO LATERAL IZQUIERDO.
POSTERIORMENTE, UN FINÍSIMO
DEFENSA CENTRAL. ANTECEDENTE
DE LOS GRANDES LÍBEROS
HOLANDESES, DE KOEMAN A DE
BOER. CAPITÁN DEL EQUIPO EN
ARGENTINA 78.

JOHAN NESKENS
BIEN PUDO HABER SIDO INTEGRANTE
DE LA BANDA DE JANIS JOPLIN. GREÑA
LARGA Y MEDIAS BAJAS, COPABA EL
MEDIO CAMPO. FRANCOTIRADOR A LA
HORA DE PONER SERVICIOS A GOL.
TIRÓ EL PENALTI DE LA FINAL COMO
LOS GRANDES.

ARIE HAAN
DESQUICIADO. NO ACATABA REGLAS
DE NADIE. LO MISMO PATEABA A LA
PORTERÍA CONTRARIA DE MEDIO
CAMPO, QUE APARECÍA CERRANDO
PINZAS A DIESTRA Y SINIESTRA DE
CRUYFF.

JOHANN CRUYFF
CRACK. TIENE UN LUGAR EN EL OLIMPO
DEL BALOMPIÉ JUNTO A PELÉ, DI STÉFANO,
MARADONA Y RONALDINHO. ELEGANTE Y
ESPIGADO, ERA EL ESTRATEGA DEL EQUIPO.
LAS COMPAÑÍAS DE CIGARROS DEBIERON
EXALTARLO AQUELLOS AÑOS PORQUE PESE
A QUE FUMABA COMO POCOS, CORRÍA COMO
NADIE. RECORDÉMOSLO ENTRANDO COMO
DEMONIO EN EL ÁREA ALEMANA, EN LA
JUGADA QUE A LA POSTRE TERMINARÍA EN EL
PENALTI QUE LE DIO VENTAJA A HOLANDA
SOBRE ALEMANIA EN LA FINAL DEL
MUNDIAL DEL 74. LLEVABA EL 14 EN LA
ESPALDA.

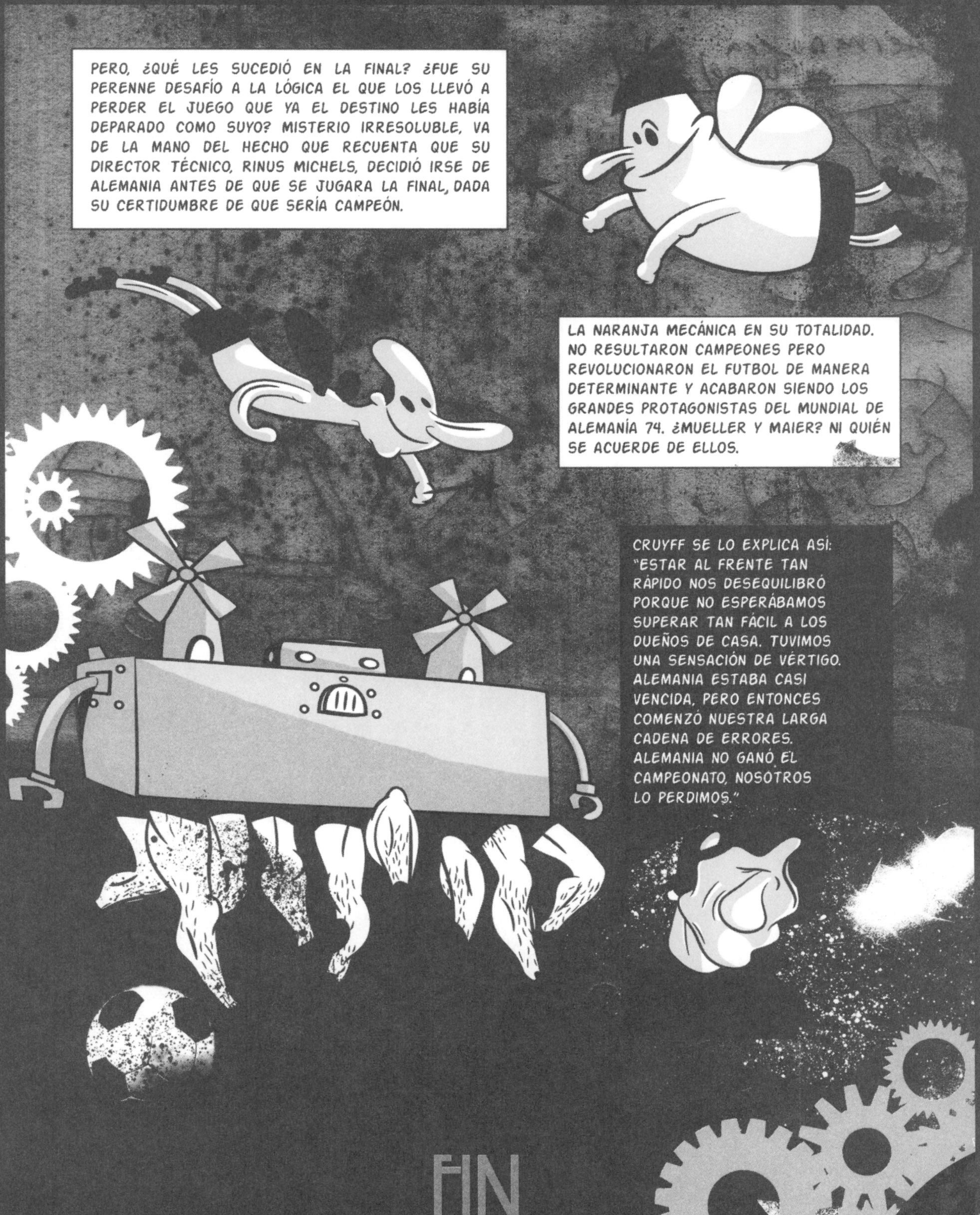

PERO, ¿QUÉ LES SUCEDIÓ EN LA FINAL? ¿FUE SU PERENNE DESAFÍO A LA LÓGICA EL QUE LOS LLEVÓ A PERDER EL JUEGO QUE YA EL DESTINO LES HABÍA DEPARADO COMO SUYO? MISTERIO IRRESOLUBLE, VA DE LA MANO DEL HECHO QUE RECUENTA QUE SU DIRECTOR TÉCNICO, RINUS MICHELS, DECIDIÓ IRSE DE ALEMANIA ANTES DE QUE SE JUGARA LA FINAL, DADA SU CERTIDUMBRE DE QUE SERÍA CAMPEÓN.

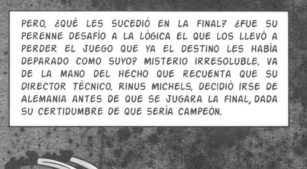

LA NARANJA MECÁNICA EN SU TOTALIDAD. NO RESULTARON CAMPEONES PERO REVOLUCIONARON EL FUTBOL DE MANERA DETERMINANTE Y ACABARON SIENDO LOS GRANDES PROTAGONISTAS DEL MUNDIAL DE ALEMANÍA 74. ¿MUELLER Y MAIER? NI QUIÉN SE ACUERDE DE ELLOS.

CRUYFF SE LO EXPLICA ASÍ: "ESTAR AL FRENTE TAN RÁPIDO NOS DESEQUILIBRÓ PORQUE NO ESPERÁBAMOS SUPERAR TAN FÁCIL A LOS DUEÑOS DE CASA. TUVIMOS UNA SENSACIÓN DE VÉRTIGO. ALEMANIA ESTABA CASI VENCIDA, PERO ENTONCES COMENZÓ NUESTRA LARGA CADENA DE ERRORES. ALEMANIA NO GANÓ EL CAMPEONATO, NOSOTROS LO PERDIMOS."

FIN

¿QUIÉN FUE EL ÁRBITRO MEXICANO QUE EXPULSÓ A MARADONA EN EL MUNDIAL DE 1982?

Mario Rubio Vázquez, y fue el mejor árbitro en ese campeonato

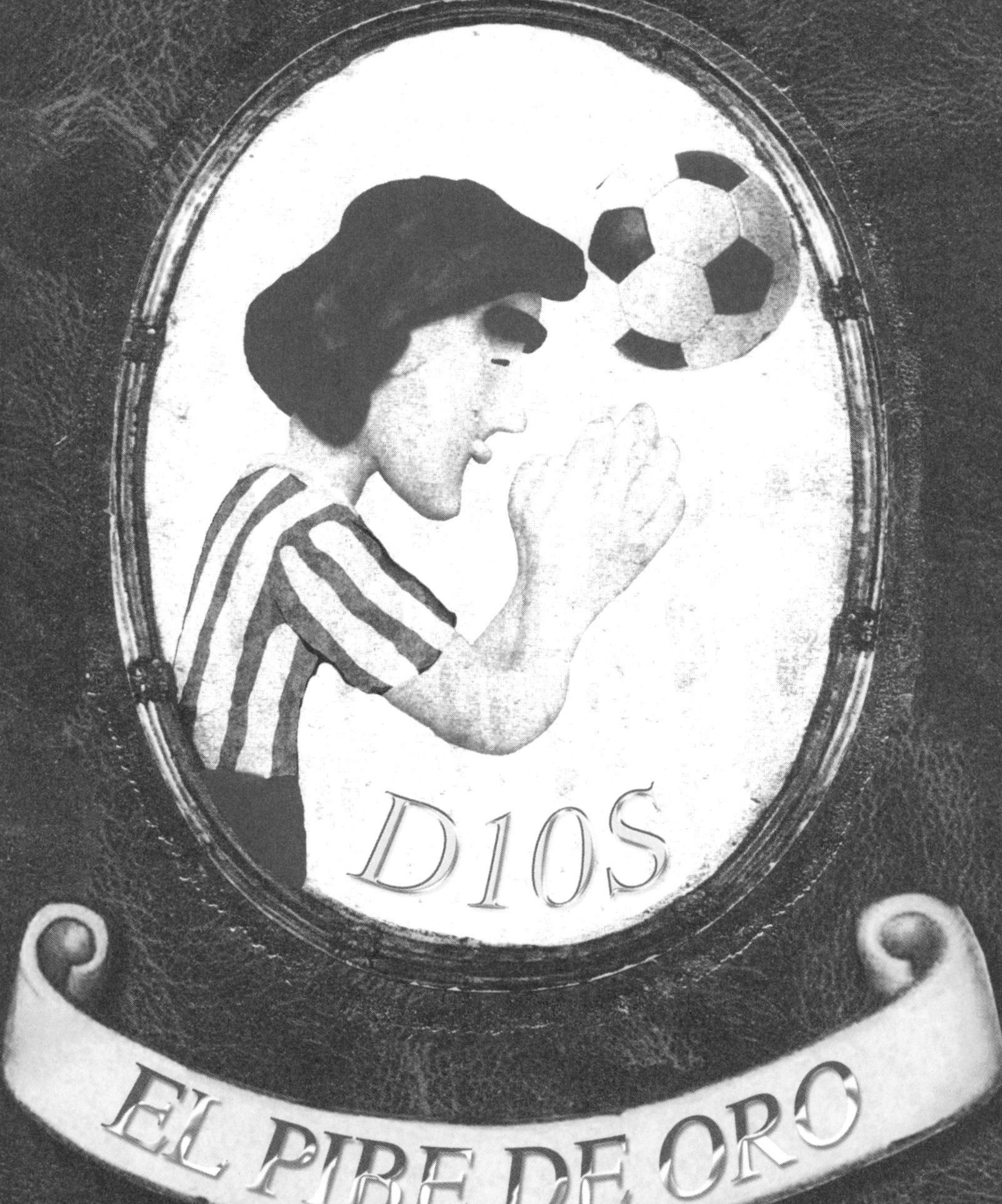
D10S
EL PIBE DE ORO

Monos:
Erasmo

Ilustraciones:
JESPE

Villa Fiorito
Tanto amó Dios al mundo, que mandó a su único hijo,
Dicen que se escapó de un sueño
para la gloria del buen futbol.
Tal vez jugando, pudiera a su familia ayudar

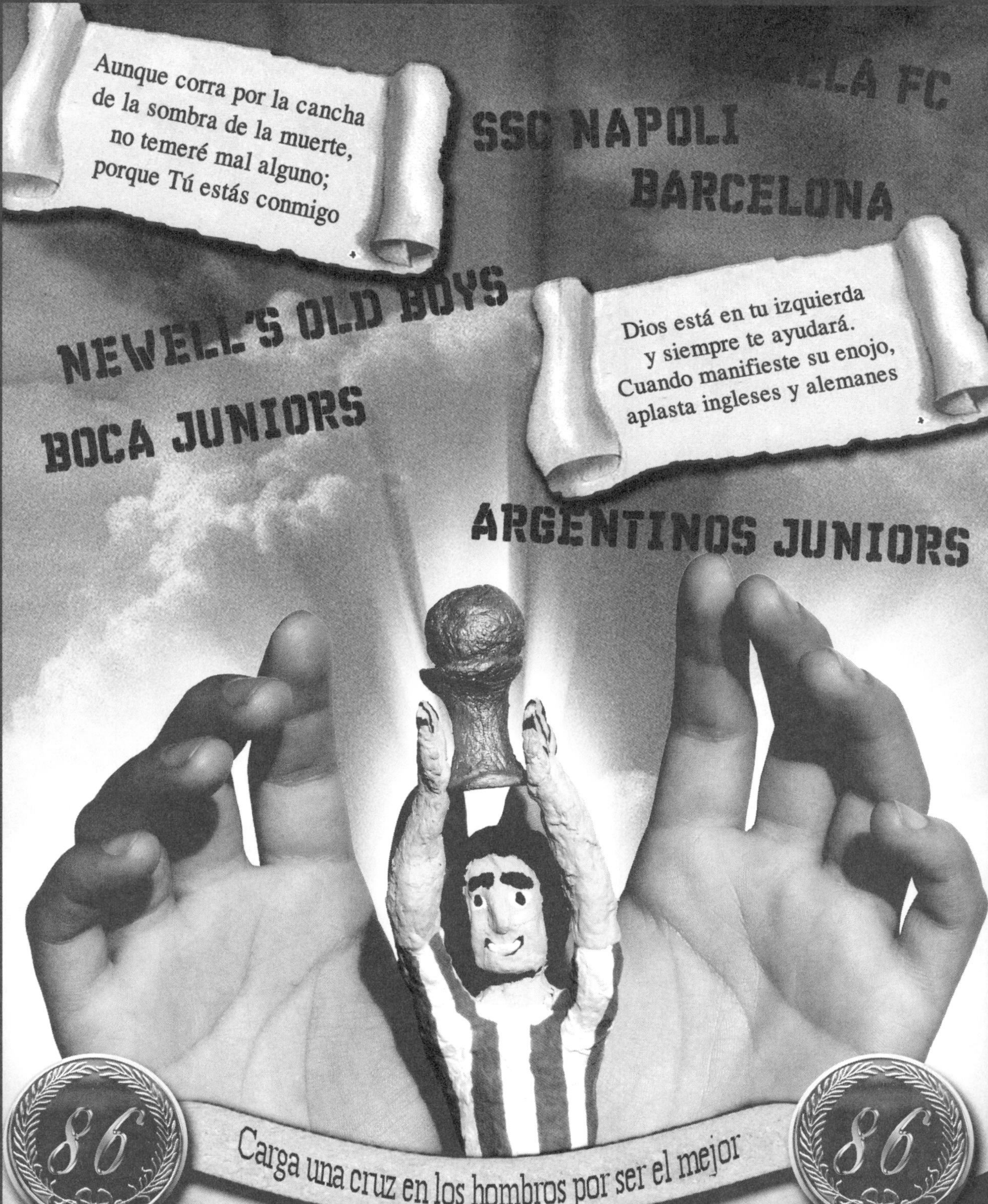
Aunque corra por la cancha
de la sombra de la muerte,
no temeré mal alguno;
porque Tú estás conmigo
SSC NAPOLI
BARCELONA
NEWELL'S OLD BOYS
Dios está en tu izquierda
y siempre te ayudará.
Cuando manifieste su enojo,
aplasta ingleses y alemanes
BOCA JUNIORS
ARGENTINOS JUNIORS
86
Carga una cruz en los hombros por ser el mejor
86

... cambió la gloria del Dios por la del hombre corruptible. Por lo cual se entregó a la inmundicia, de modo que deshonró su propio cuerpo, dando culto al vicio y la concupiscencia antes que al Creador.
...si Jesús tropezó, ¿por qué él no habría de hacerlo?
...si en verdad eres el Hijo de Dios, tírate abajo
... todo esto será tuyo, si te arrodillas delante de mi y me adoras.
Una blanca mujer de misterioso sabor y prohibido placer

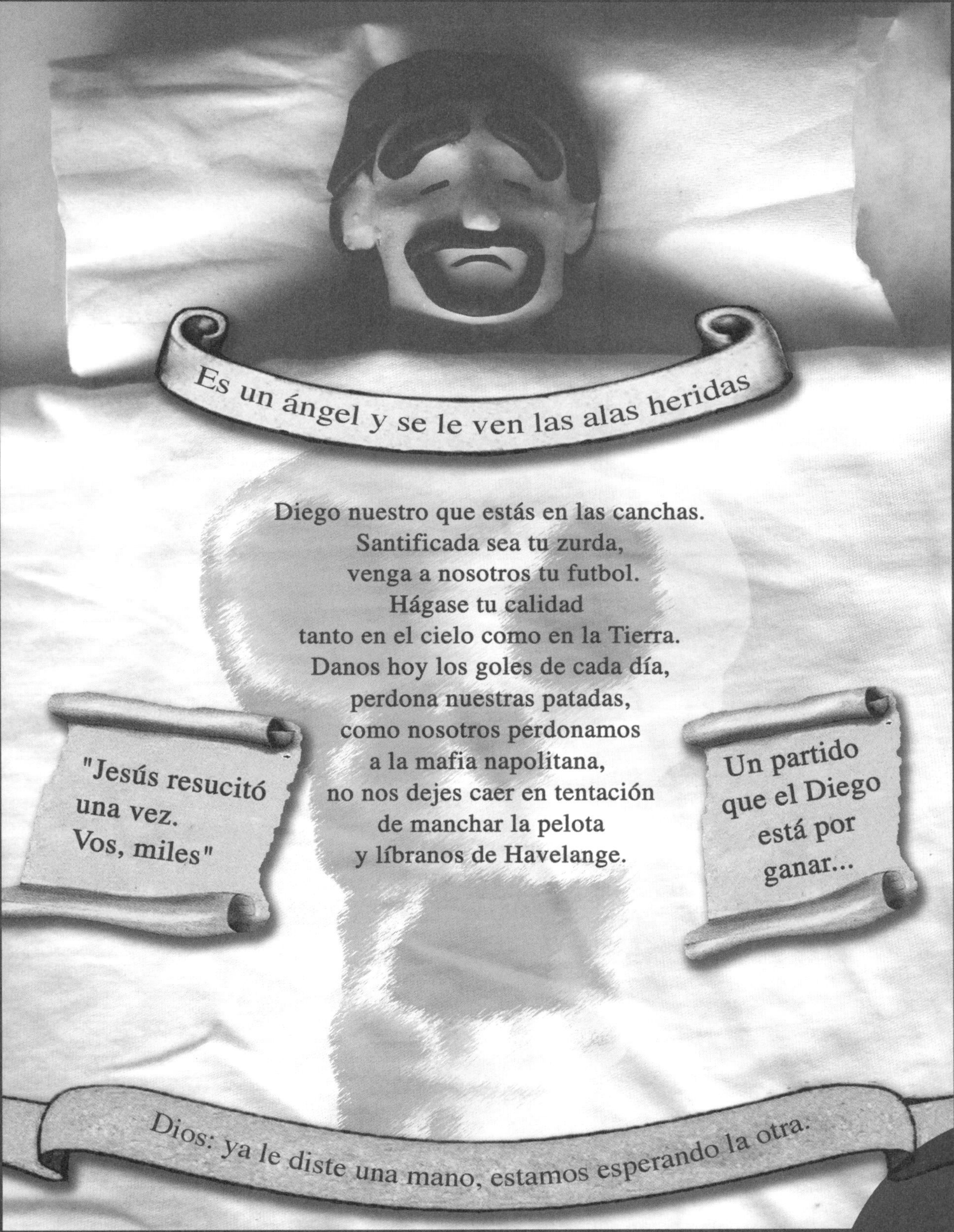
Es un ángel y se le ven las alas heridas
"Jesús resucitó una vez. Vos, miles"
Un partido que el Diego está por ganar...
Dios: ya le diste una mano, estamos esperando la otra.

Diego nuestro que estás en las canchas.
Santificada sea tu zurda,
venga a nosotros tu futbol.
Hágase tu calidad
tanto en el cielo como en la Tierra.
Danos hoy los goles de cada día,
perdona nuestras patadas,
como nosotros perdonamos
a la mafia napolitana,
no nos dejes caer en tentación
de manchar la pelota
y líbranos de Havelange.

Maradona es mi amigo
... este hijo mío estaba muerto y ha vuelto a la vida...
... estaba perdido y ha sido hallado, en horario estelar...
Sembró alegría en el pueblo.

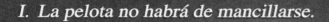

I. La pelota no habrá de mancillarse.

II. Amarás al futbol por sobre todas las cosas.

III. Declararás tu amor incondicional por Diego y el buen futbol.

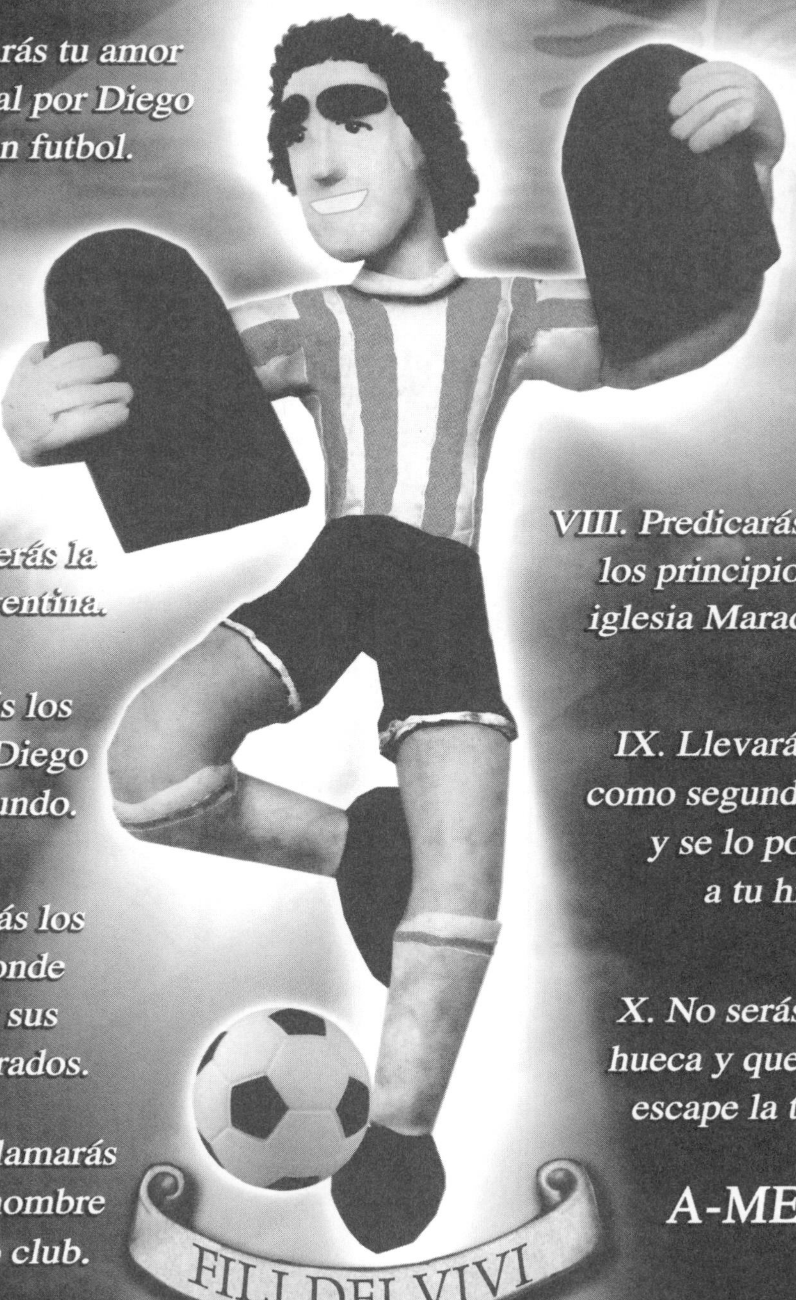

IV. Defenderás la camiseta argentina.

V. Difundirás los milagros del Diego en todo el mundo.

VI. Honrarás los templos donde predicó y sus mantos sagrados.

VII. No proclamarás a Diego en nombre de un único club.

VIII. Predicarás siempre los principios de la iglesia Maradoniana.

IX. Llevarás Diego como segundo nombre y se lo pondrás a tu hijo.

X. No serás cabeza hueca y que no se te escape la tortuga.

A-MEN

FILI DEI VIVI

¿CUÁL ES EL NOMBRE DE LA MÍTICA PORRA DEL TOLUCA?

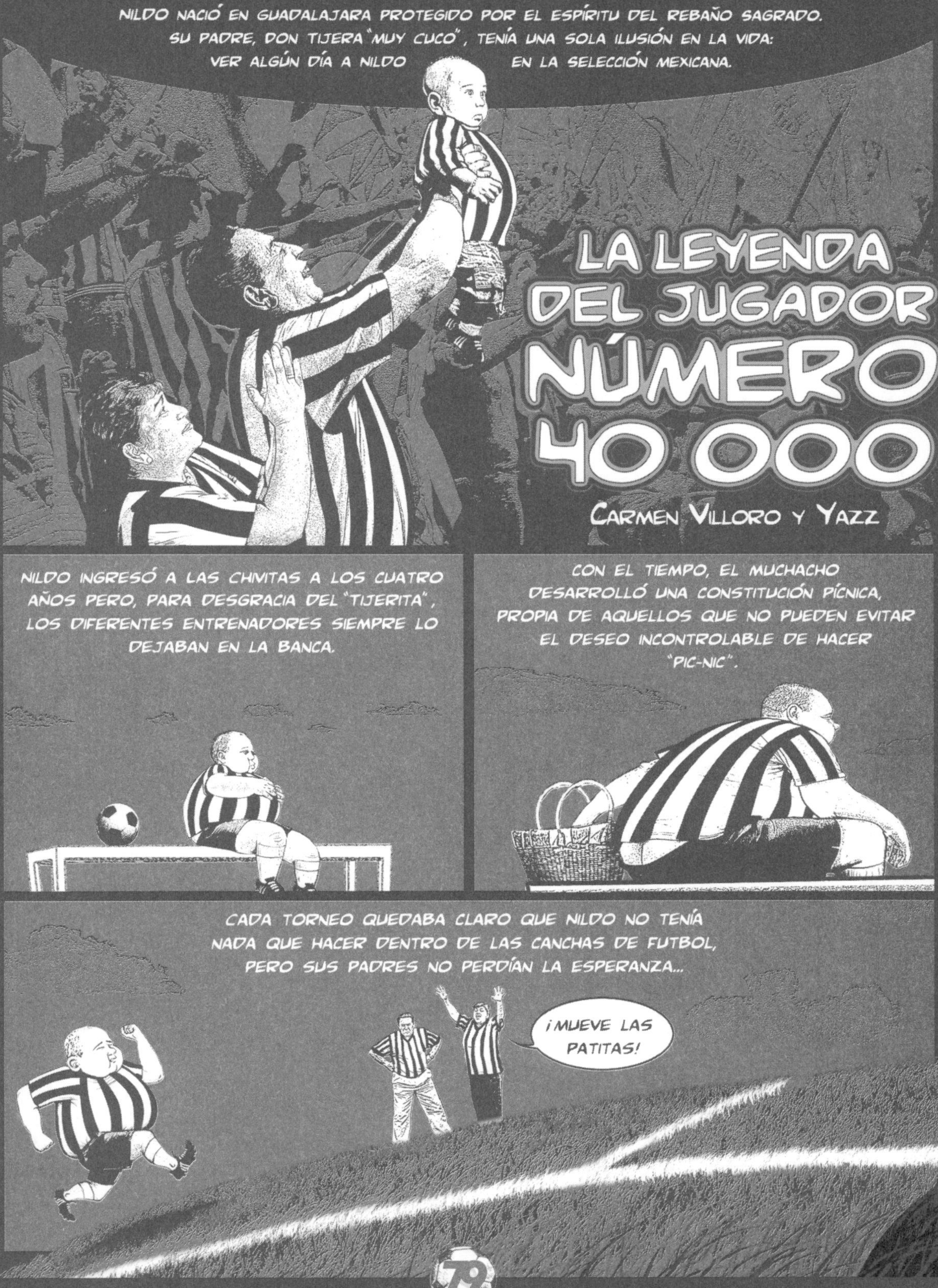
NILDO NACIÓ EN GUADALAJARA PROTEGIDO POR EL ESPÍRITU DEL REBAÑO SAGRADO. SU PADRE, DON TIJERA "MUY CUCO", TENÍA UNA SOLA ILUSIÓN EN LA VIDA: VER ALGÚN DÍA A NILDO EN LA SELECCIÓN MEXICANA.
LA LEYENDA DEL JUGADOR NÚMERO 40 000
CARMEN VILLORO Y YAZZ
NILDO INGRESÓ A LAS CHIVITAS A LOS CUATRO AÑOS PERO, PARA DESGRACIA DEL "TIJERITA", LOS DIFERENTES ENTRENADORES SIEMPRE LO DEJABAN EN LA BANCA.
CON EL TIEMPO, EL MUCHACHO DESARROLLÓ UNA CONSTITUCIÓN PÍCNICA, PROPIA DE AQUELLOS QUE NO PUEDEN EVITAR EL DESEO INCONTROLABLE DE HACER "PIC-NIC".
CADA TORNEO QUEDABA CLARO QUE NILDO NO TENÍA NADA QUE HACER DENTRO DE LAS CANCHAS DE FUTBOL, PERO SUS PADRES NO PERDÍAN LA ESPERANZA...
¡MUEVE LAS PATITAS!

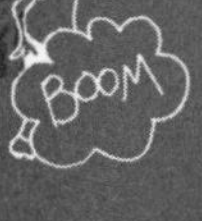
BOOM

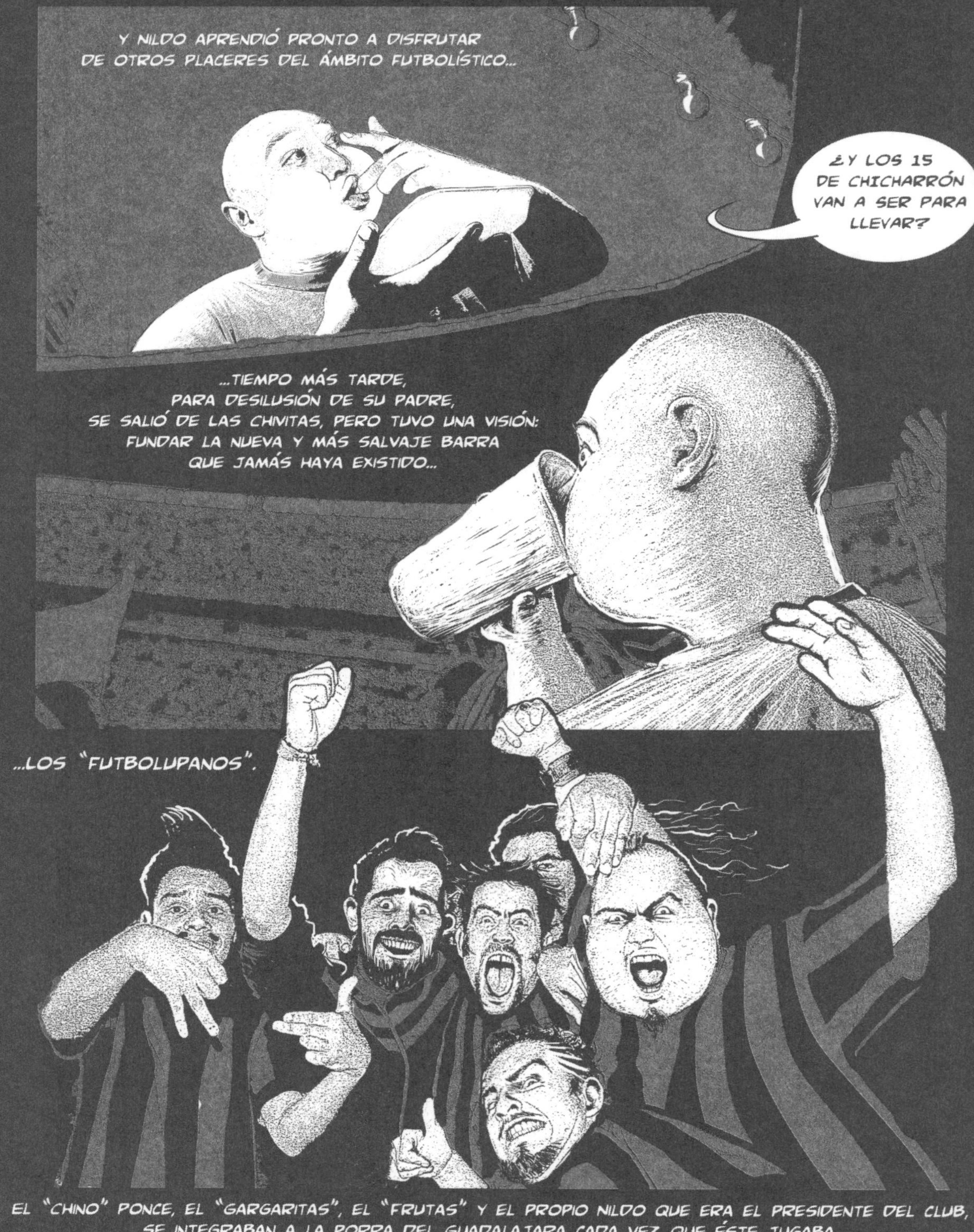
Y NILDO APRENDIÓ PRONTO A DISFRUTAR DE OTROS PLACERES DEL ÁMBITO FUTBOLÍSTICO...
¿Y LOS 15 DE CHICHARRÓN VAN A SER PARA LLEVAR?
...TIEMPO MÁS TARDE, PARA DESILUSIÓN DE SU PADRE, SE SALIÓ DE LAS CHIVITAS, PERO TUVO UNA VISIÓN: FUNDAR LA NUEVA Y MÁS SALVAJE BARRA QUE JAMÁS HAYA EXISTIDO...
...LOS "FUTBOLUPANOS".
EL "CHINO" PONCE, EL "GARGARITAS", EL "FRUTAS" Y EL PROPIO NILDO QUE ERA EL PRESIDENTE DEL CLUB, SE INTEGRABAN A LA PORRA DEL GUADALAJARA CADA VEZ QUE ÉSTE JUGABA.

Y GRACIAS A LOS "FUTBOLUPANOS", LA PERSONALIDAD DE NILDO
SE FORTALECIÓ A BASE DE MENTADAS DE MADRE,
LLUVIAS DE ORINES, GARGAJOS Y MADRAZOS.

¡CHIVAS!

EN UN ARREBATO MÍSTICO,
SE SUBIÓ A LA ESTATUA DE
LA MINERVA Y JURÓ NUNCA
SALIR DE GUADALAJARA

PERO GRACIAS A LA REVENTA
SE ANIMÓ A IR AL MUNDIAL DE
ALEMANIA 2006...

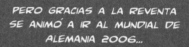

Y PARA SU SORPRESA Y LA DE MILES DE AFICIONADOS MEXICANOS,
NO HUBO BOLETOS PARA VER A SU SELECCIÓN
YA QUE LA MANO NEGRA DE LA FEDERACIÓN
MEXICANA LOS REVENDIÓ...

HIJOS DE...

BOOM

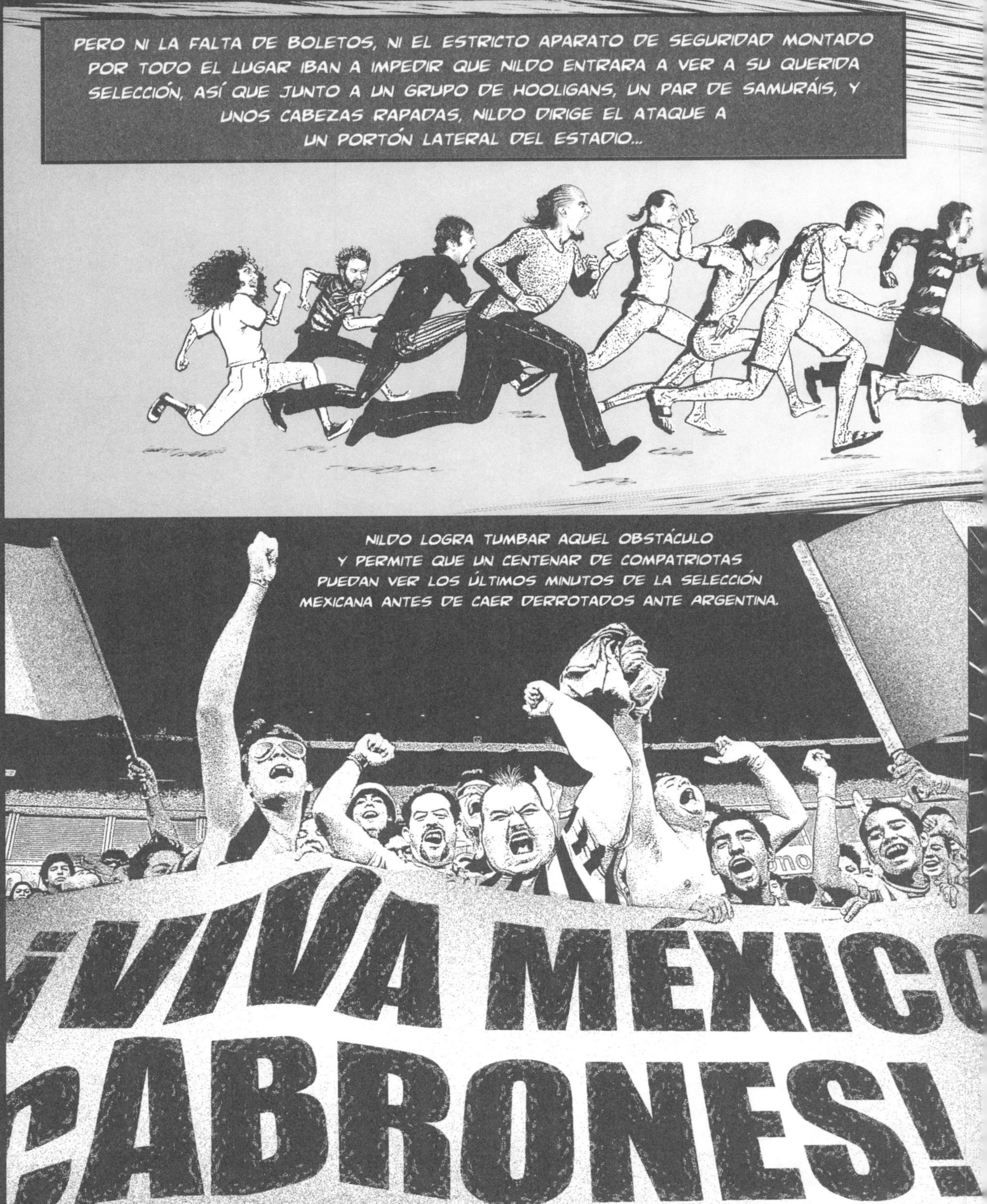
PERO NI LA FALTA DE BOLETOS, NI EL ESTRICTO APARATO DE SEGURIDAD MONTADO POR TODO EL LUGAR IBAN A IMPEDIR QUE NILDO ENTRARA A VER A SU QUERIDA SELECCIÓN, ASÍ QUE JUNTO A UN GRUPO DE HOOLIGANS, UN PAR DE SAMURÁIS, Y UNOS CABEZAS RAPADAS, NILDO DIRIGE EL ATAQUE A UN PORTÓN LATERAL DEL ESTADIO...
NILDO LOGRA TUMBAR AQUEL OBSTÁCULO Y PERMITE QUE UN CENTENAR DE COMPATRIOTAS PUEDAN VER LOS ÚLTIMOS MINUTOS DE LA SELECCIÓN MEXICANA ANTES DE CAER DERROTADOS ANTE ARGENTINA.
¡VIVA MEXICO
CABRONES!

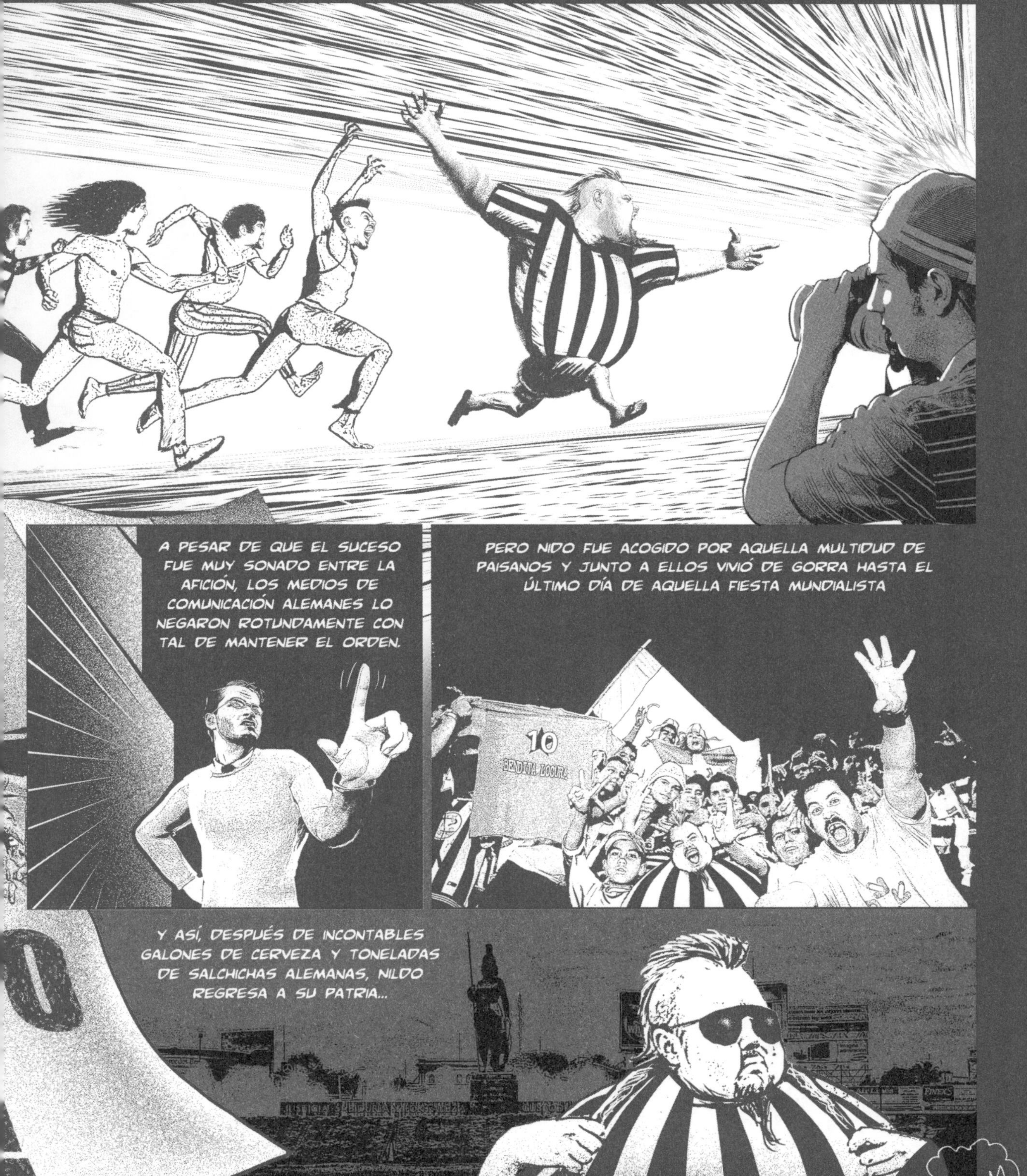

A PESAR DE QUE EL SUCESO FUE MUY SONADO ENTRE LA AFICIÓN, LOS MEDIOS DE COMUNICACIÓN ALEMANES LO NEGARON ROTUNDAMENTE CON TAL DE MANTENER EL ORDEN.
PERO NIDO FUE ACOGIDO POR AQUELLA MULTIDUD DE PAISANOS Y JUNTO A ELLOS VIVIÓ DE GORRA HASTA EL ÚLTIMO DÍA DE AQUELLA FIESTA MUNDIALISTA
10
BENDITA LOCURA
Y ASÍ, DESPUÉS DE INCONTABLES GALONES DE CERVEZA Y TONELADAS DE SALCHICHAS ALEMANAS, NILDO REGRESA A SU PATRIA...
BOOM

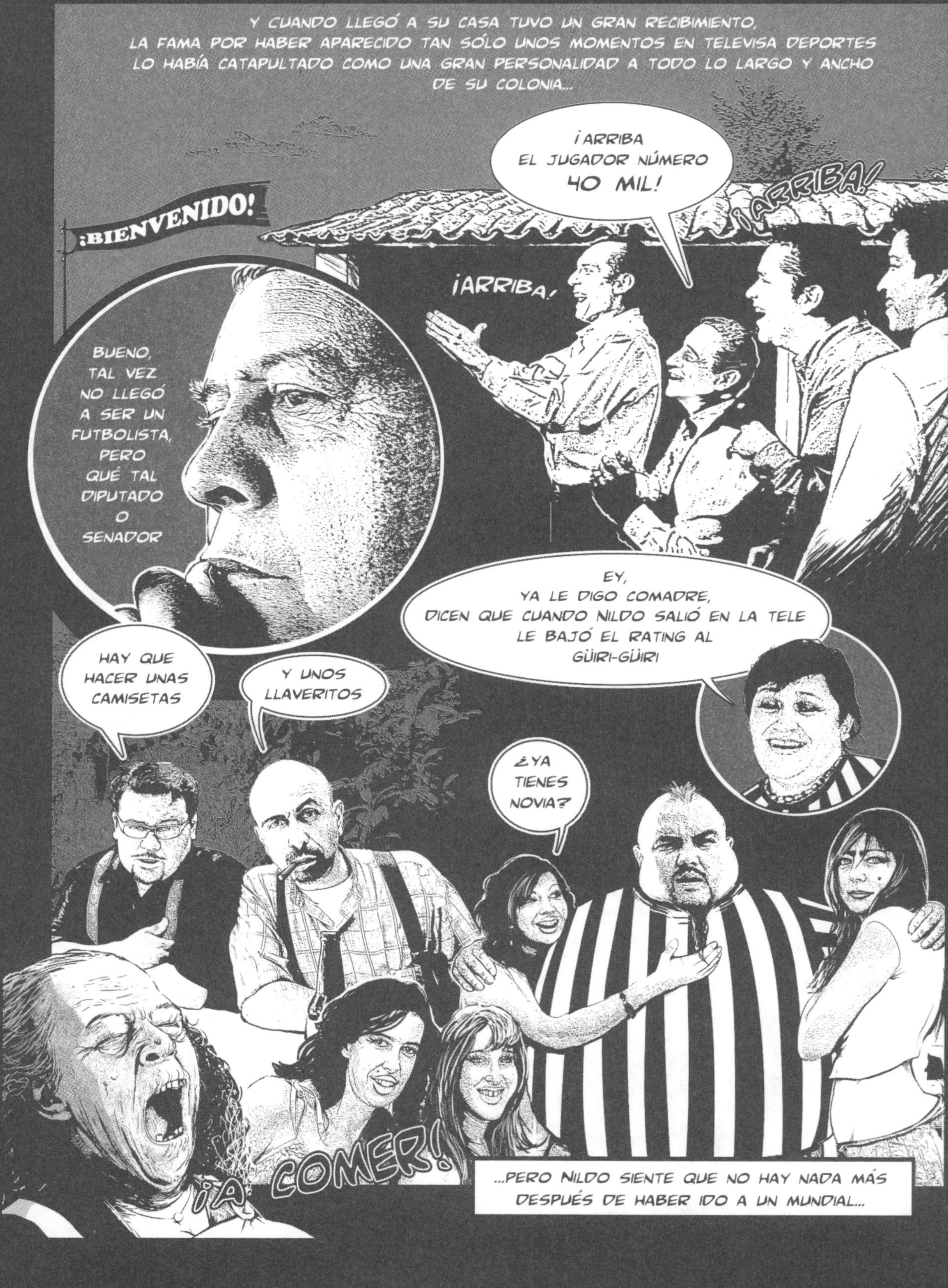
Y CUANDO LLEGÓ A SU CASA TUVO UN GRAN RECIBIMIENTO, LA FAMA POR HABER APARECIDO TAN SÓLO UNOS MOMENTOS EN TELEVISA DEPORTES LO HABÍA CATAPULTADO COMO UNA GRAN PERSONALIDAD A TODO LO LARGO Y ANCHO DE SU COLONIA...
¡BIENVENIDO!
¡ARRIBA EL JUGADOR NÚMERO 40 MIL!
¡ARRIBA!
¡ARRIBA!
BUENO, TAL VEZ NO LLEGÓ A SER UN FUTBOLISTA, PERO QUÉ TAL DIPUTADO O SENADOR
EY, YA LE DIGO COMADRE, DICEN QUE CUANDO NILDO SALIÓ EN LA TELE LE BAJÓ EL RATING AL GÜIRI-GÜIRI
HAY QUE HACER UNAS CAMISETAS
Y UNOS LLAVERITOS
¿YA TIENES NOVIA?
¡A COMER!
...PERO NILDO SIENTE QUE NO HAY NADA MÁS DESPUÉS DE HABER IDO A UN MUNDIAL...

AHORA, CUANDO VA A UN PARTIDO SE QUEDA DORMIDO...

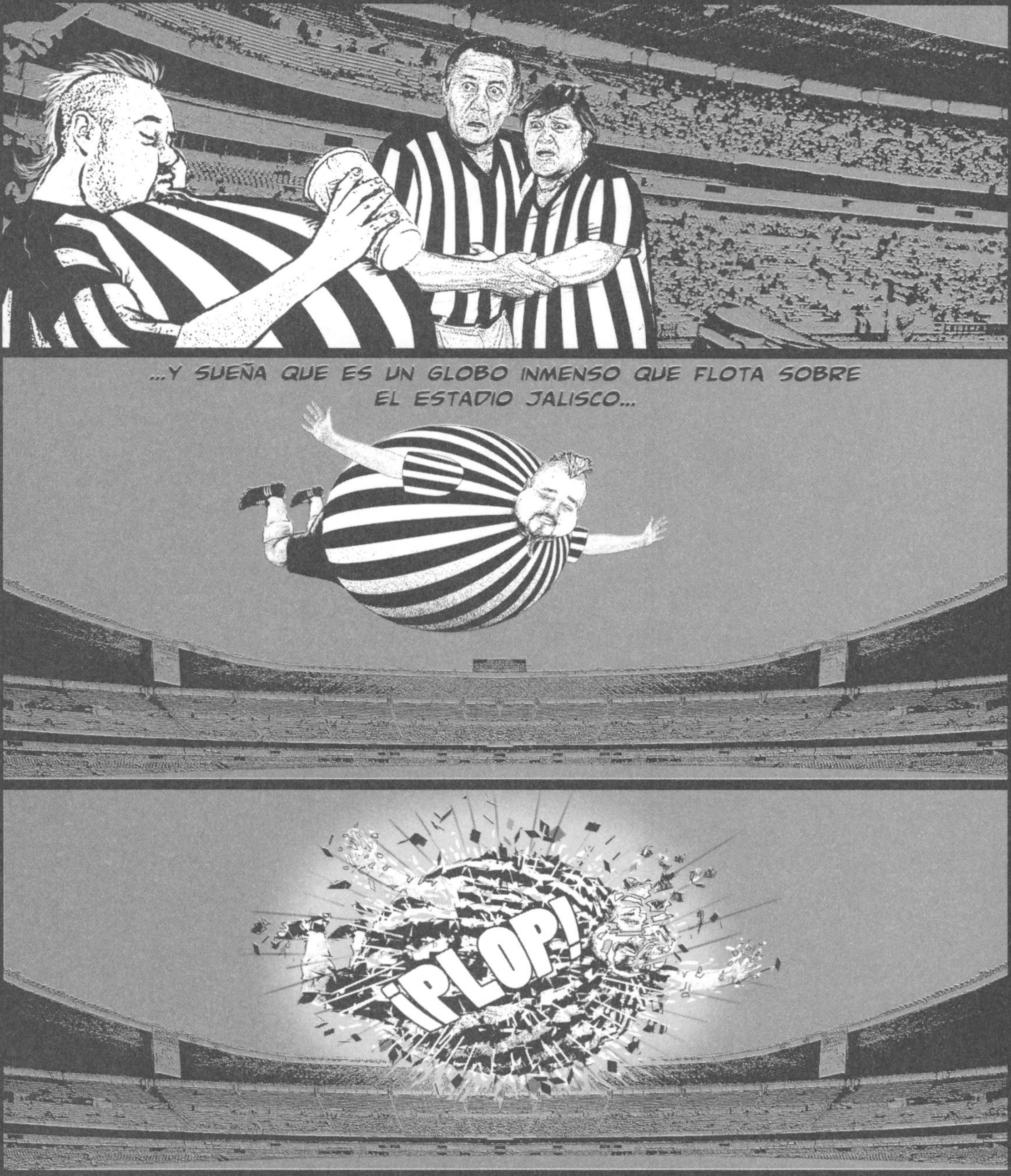
...Y SUEÑA QUE ES UN GLOBO INMENSO QUE FLOTA SOBRE EL ESTADIO JALISCO...
¡PLOP!

NO QUEDA NADA DE ÉL, SÓLO EL SORDO RUMOR DE LA AFICIÓN.

BOOM

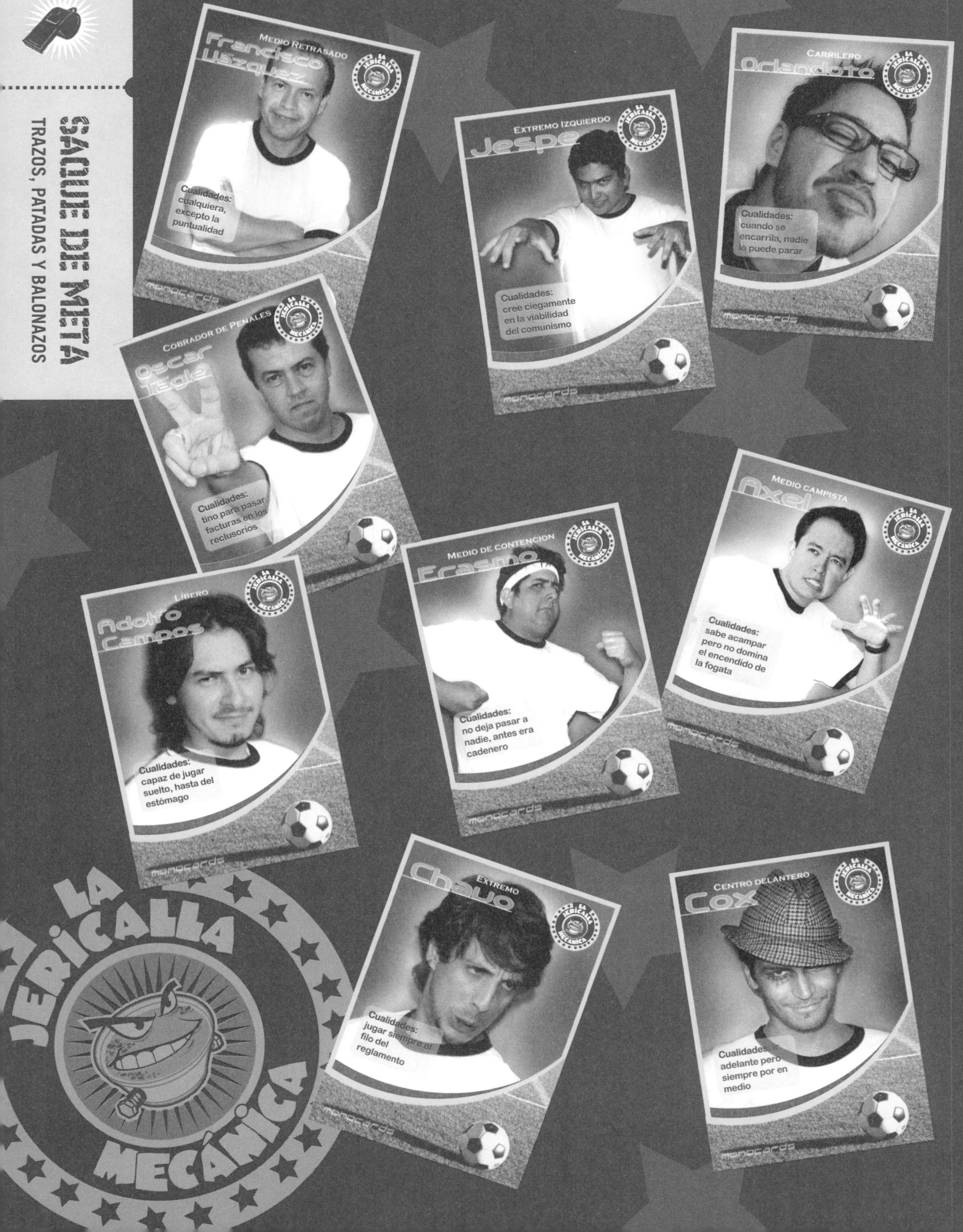
Medio Retrasado
Francisco Vázquez
Cualidades: cualquiera, excepto la puntualidad
monocards
Extremo Izquierdo
Jespe
Cualidades: cree ciegamente en la viabilidad del comunismo
monocards
Carrilero
Orlandoto
Cualidades: cuando se encarrila, nadie lo puede parar
monocards
Cobrador de Penales
Oscar Tégle
Cualidades: tino para pasar facturas en los reclusorios
Medio campista
Axel
Cualidades: sabe acampar pero no domina el encendido de la fogata
monocards
Medio de contencion
Erasmo
Cualidades: no deja pasar a nadie, antes era cadenero
monocards
Líbero
Adolfo Campos
Cualidades: capaz de jugar suelto, hasta del estómago
monocards
Extremo
Chavo
Cualidades: jugar siempre al filo del reglamento
monocards
Centro delantero
Cox
Cualidades: ir adelante pero siempre por en medio
monocards
La Jericalla Mecánica

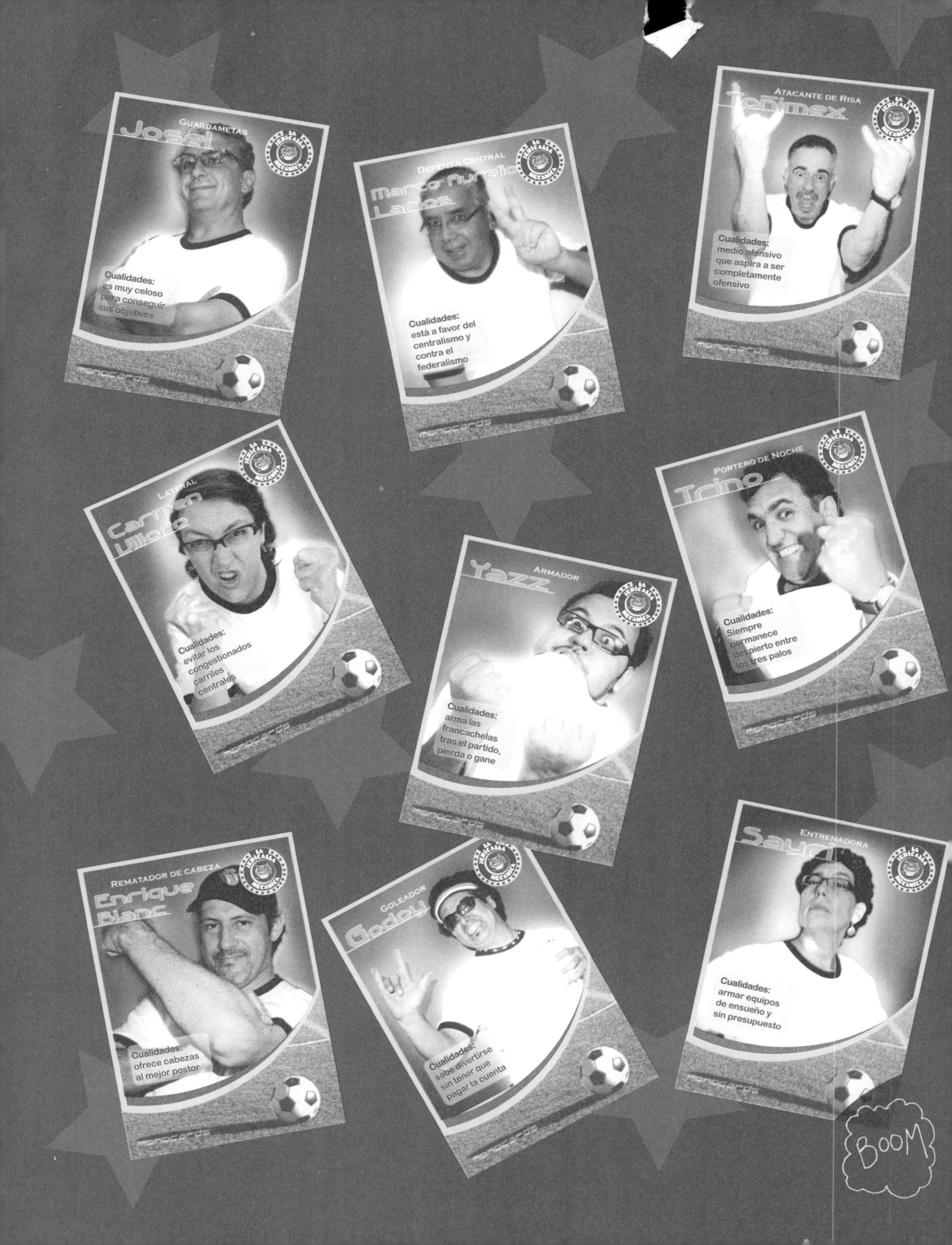

Guardametas
Josel
Cualidades:
es muy celoso para conseguir sus objetivos
monocards
Defensa Central
Marco Aurelio Larios
Cualidades:
está a favor del centralismo y contra el federalismo
monocards
Atacante de Risa
Toñimex
Cualidades:
medio ofensivo que aspira a ser completamente ofensivo
monocards
Lateral
Carmen Villoro
Cualidades:
evitar los congestionados carriles centrales
monocards
Armador
Yazz
Cualidades:
arma las francachelas tras el partido, pierda o gane
monocards
Portero de Noche
Trino
Cualidades:
Siempre permanece despierto entre los tres palos
monocards
Rematador de cabeza
Enrique Blanc
Cualidades:
ofrece cabezas al mejor postor
monocards
Goleador
Godoy
Cualidades:
sabe divertirse sin tener que pagar la cuenta
monocards
Entrenadora
Sayri
Cualidades:
armar equipos de ensueño y sin presupuesto
monocards
La Jericalla Mecánica
BOOM

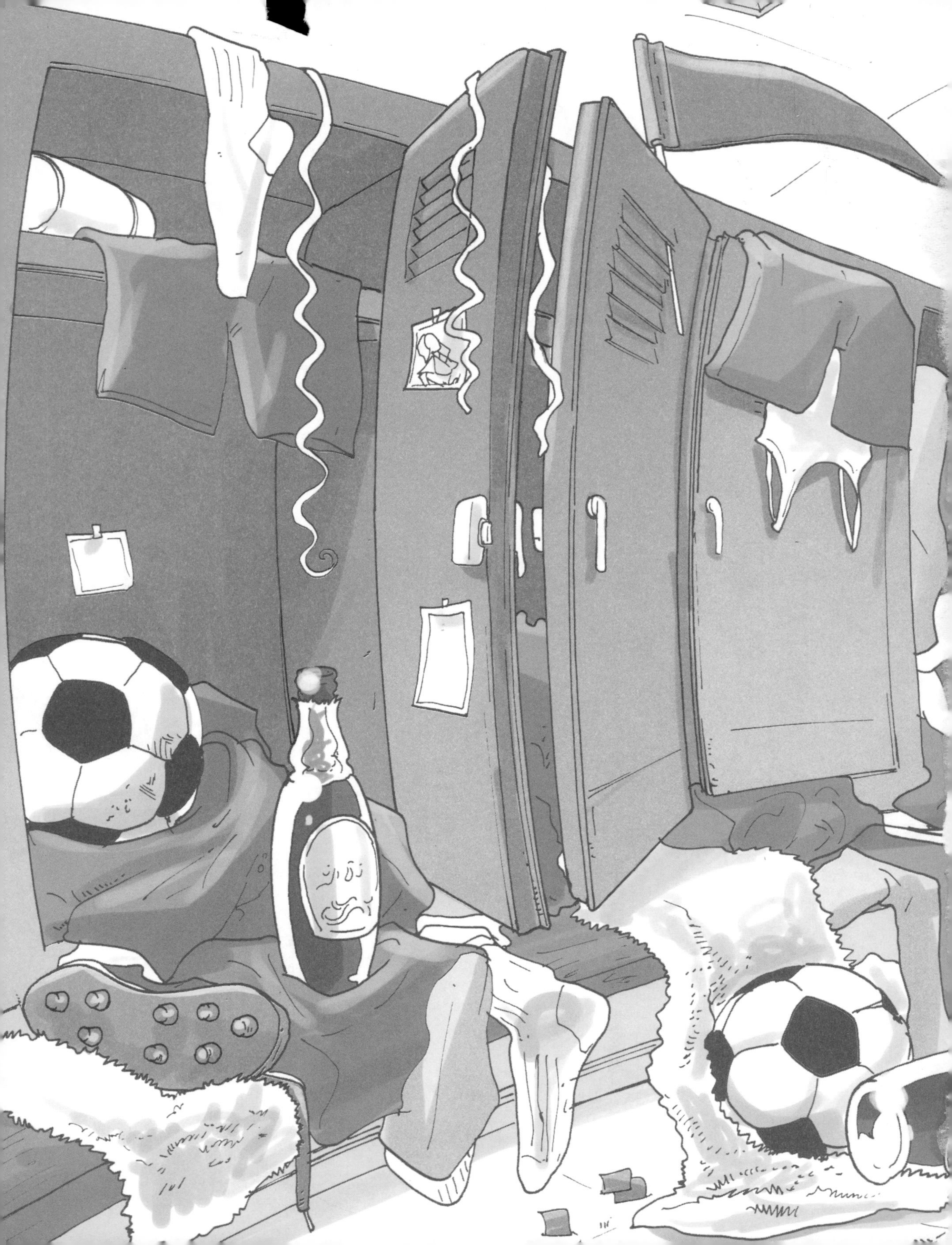